本书撰写人员名单

主　　编：吴惠芳

副 主 编：陈　健

撰写人员：吴惠芳　刘燕丽　孟祥丹　丁宝寅　陈　健
　　　　　梁　栋　钟丽娜　王宇霞　孙清波　李文慧
　　　　　王　惠　王慧清　董俊芳

新时代中国县域脱贫攻坚案例 研究丛书

望奎

黑土地基因的脱困与蜕变

全国扶贫宣传教育中心／组织编写

人民出版社

目 录
CONTENTS

第一章

黑土地上的百年望奎

望奎县，旧名双龙城，因山地居高，遥望卜奎（今齐齐哈尔市）而得名，已有百年建县历史。望奎县地处黑龙江省中部松嫩平原与小兴安岭西南边缘的过渡地带，全县面积 2316.4 平方公里，辖 10 个镇、5 个乡、109 个行政村、655 个自然屯、16 个城镇社区、4 个街道办事处。截止到 2020 年，全县总人口 50 万，其中农业户籍人口38.5 万人，城镇户籍人口 11.5 万人。

一、基本情况

（一）历史沿革

望奎于 1918 年设县，但该地区最早有人类活动的历史可追溯到旧石器时代晚期。秦汉时期，望奎为夫余国辖境；隋唐时期为靺鞨黑水都督府达莫娄部辖境；公元 1115 年，女真人建立金朝，成为上京会宁府辖地；清朝入主中原后，实行一系列封禁政策，禁止汉人流入，光绪年间，地域解禁，汉人接踵而至，后取名双龙城，属海伦府管辖。民国初年，望奎属海伦县西南乡，于 1918 年正式设立望奎县。新中国成立后，望奎县政府改名为望奎县人民委员会，属黑龙江直辖；1999 年，国务院同意黑龙江撤销绥化地区，设立地级绥化市，望奎县归绥化市管辖。

悠久的历史同时也赠予了这片黑土地丰富的遗址与古迹。望奎县现存古遗址 36 处：商周时期的镶蓝头遗址、汪家沟遗址等，金代的泡子沿遗迹，明清时代的镶白四遗址等。古城址 1 处：金代的通江古城址，是研究金上京路管辖区域的重要资料。古墓葬 7 处：早期铁器时代的梨树园子墓群，魏晋时期的戚家围子古墓群，辽金时期的汪家沟古墓群等。除了上述的古代遗址外，望奎也拥有 12 处现代重要史迹及代表性建筑：林枫故居、烈士陵园、河口烈士纪念碑等，这些是望奎重要的革命遗址，也是其缅怀先烈、"不忘初心，牢记使命"的爱国教育基地。

望奎县城是一座拥有悠久历史和深厚文化底蕴的城市，形成了独具特色的文化风情。生活在这里的人们淳朴豪放、聪慧勤劳，用自己的劳动和智慧不断推动着望奎的进步与发展，谱写了历史，也终将创造出属于这个时代的辉煌。

（二）文化风情

在长期的历史发展中，望奎县形成了自己独特的民俗与文化。这里的人民孝亲敬老、知足常乐，踏实肯干、勤俭节约。

望奎县曾经是清朝皇族的围猎场地，之后成为满族聚居区，所以至今仍保留着很多与满族相关的文化习俗。望奎县共有惠七、厢白、灵山 3 个满族乡镇，满族人口 6 万人，占全县总人口的 12%。饮食方面，家家都保留着蒸豆包的习俗，日常饭菜中也保留着不少满族的传统。此外，满族人知礼节、懂孝道的文化也塑造了当地浓重的孝亲文化。望奎县定期举办"十大孝心少年"、"五好家庭"等评比活动。人们守望相助，互亲互敬，走出去的域外家乡人，也会尽自己最大的努力来回馈家乡，进行相关资助。为了保留好这样的文化遗产，望奎县城设立了满族风情文化园，该园从满族源流、生产、生活、礼仪、信仰等多方面，用文字、图片、实物展示了满族文化发展的历史风貌，成为望奎县一道亮丽的风景线，这也是对人们进行民族传统、民族文化教育的基地。

除了久居此地的满族人口，望奎县人口的大多数是清末时期闯关东的汉族后代。古时候，黑龙江人烟稀少、地处偏远，是流放犯人的地方，例如清宫剧里常常出现流放重罪犯人的"宁古塔"便是黑龙江省海林市的古城村。清朝末年，山东、河北地区频繁受灾，人们纷纷逃离家乡，到人口少、土壤肥沃、面积广大的东北地区谋求生路，形成了中国近代史上著名的人口大迁移——闯关东。因此，望奎县大多数人的祖辈是来自山东、河北等地的迁移者，姓氏繁多，没有南方地区常见的宗族群体。由于早期迁移生活艰难，人们必须互帮互助，也逐渐形成了互助和谐的文化传统。望奎县农村人均耕地6亩以上，每个农户都有几十亩耕地。尽管东北地区气候寒冷，每年只能种一季作物，但只要勤恳种田，人们的温饱都能得到满足。一年时间里，半年是农闲，"猫冬"便成了当地农村典型的现象。农民忙活半年，在剩下的半年时间里，男人们聚餐、喝酒，女人们唠嗑，形成了望奎人民热情豪放的作风。生活过得安稳且自在，知足常乐也就成了当地老百姓最信奉的生活原则。

"奎"是大字当头，也预示着望奎县有许多大人物。望奎县一共走出十二位共和国将领。它也是老一辈无产阶级革命家、新中国初期党和国家重要领导人、全国人大常委会原副委员长林枫同志的故乡。林枫故居始建于1918年，1992年中共望奎县委县政府在其故居的基础上辟建了纪念馆。先后被命名为黑龙江省"爱国主义教育基地"、"国防教育基地"、"革命传统教育基地"、省级"廉政教育基地"、"中共党史教育基地"。望奎县充分利用其优良的革命传统和红色基因，在林枫故居基地开展了多次"不忘初心、牢记使命"等主题教育活动，为缅怀老一辈无产阶级革命家，激发新时代党员干部为民工作的激情和热情发挥了重要作用，也在进行爱国主义教育和革命传统教育方面发挥了重要作用。

望奎县历史悠久，在岁月的不断洗礼下，望奎县的人文气息也愈加浓厚。它是中国民间文化艺术之乡，其皮影是黑龙江皮影"江北派"代表，是中国皮影戏序列中的一个重要分支。望奎皮影自清朝同治年间由辽宁艺人传入后，不断创新发展，形成了自己独有的精美雕刻工艺、灵巧操纵技巧、独特地方唱腔的艺术风格，成为广大群众日常生活中喜闻乐见、不可或缺的文艺娱乐活动，至今已有140年历史。正是皮影戏，使望奎县成为黑龙江唯一因皮影戏而被国务院确定为第一批国家级非物质文化遗产扩展项目的省份。此外，它也是中国诗词之县，它是以县诗词学会为依托逐渐发展壮大的，共创作近体诗2万余首，公开发表7000余首，创办40余种诗刊，编辑35部诗词专集等，在2004年被中华诗词学会授予"中华诗词之县"。2014年，望奎荣膺"中国书法之乡"，全县书法作品在国内外发表和展出207件。

独特的历史和地理位置，使望奎县拥有了独特的人文风情，这里的人们安逸且踏实、豪放而热情。它地大物博，资源丰富，人们知足安逸地生活在这里。这是一座充满人文情怀的城，也是一座有着深厚历史底蕴和充满情感的城。

（三）自然资源

望奎县地形近似纺锤形，位于松嫩平原与小兴安岭西南边缘的过渡地带，自然资源非常丰富。全县耕地面积256.2万亩、森林面积27.6万亩、草原面积7.05万亩、湿地面积13.3万亩、水域面积7.6万亩。境内平原占52.3%，丘陵山区占32.2%，江河泡沼占2.9%。丰富的资源给望奎的发展带来了极大的优势与便利。

1. 土壤资源——黑土地。"奎"字双土在下，寓意望奎县土壤资源丰富，土地肥沃。该地拥有寒地黑土，这是大自然给予望奎县的一份得天独厚的宝藏，是一种性状好、肥力高，非常适合植物生长的土壤，人们经常用"一两土，二两油"来形容它的肥沃与珍贵。望奎县地处世界仅有的三块黑土地之一的松嫩平原腹地，拥有黑土面积13.64万公顷，占全县土壤总面积的60%，其中黑土耕地面积占总耕地面积的70.7%。《望奎县志》记载，民国时期，望奎县"农产日趋富厚，商民益见麇集"。望奎县基于黑土地这一得天独厚的自然优势，优质农产品资源丰富，长年盛产玉米、大豆、水稻等粮食作物，被评为国家级商品粮生产基地县、生态农业试点县。

2. 水资源。望奎县降水资源极其丰富，流经域内的主要河流有7条，河流总长313.8公里。其境内有呼兰河、通肯河、克音河、诺敏河4条河流经过；还有3条乌龙沟子，属于季节性河流，汇众壑之水而成天然渠道，就势而流。此外，望奎县泉眼众多，县内有108处，其中自然矿泉72眼，每天流量达80吨以上，水中含有丰富的有益人体健康的矿物质和微量元素。流经望奎的几条河流及广阔的水域面积使这里水产资源非常富足，其水产养殖水面11.1万亩，主要养殖鲤鱼、鲶鱼、草鱼、鲢鱼等。

3. 森林资源。望奎县地处小兴安岭西南边缘过渡地带，森林覆盖率达到14.6%，林木资源储量达到100万立方米，是国家"三北"防护林建设先进县、全省造林绿化工作先进县、全省三年大造林先进县。望奎县林木主要是人工林，存在少量天然次生林。林木种类以杨、柳、榆、松为主，伴有少量的曲柳、桦树等。丰富的林木资源也为动物的生存提供了场所，望奎县有着丰富的兽类、鸟类、昆虫、两栖类动物。

丰富的自然资源是望奎县发展的重要资本，也是其成为农业县的必要条件。长期的耕作习惯及丰富的自然资源让望奎县的农业稳步发展，但其经济结构中三产发展不平衡的问题依然比较突出。

（四）经济概况

望奎县是一个农业县，长期以来农业经济一直占据国民经济的主导地位。农业内部结构中种植业的比重较大，呈现"一产大、二产小、三产弱"的经济格局。

资料显示，在20世纪80年代以前，望奎县均以种植业为主，其农业经济占据国民经济的比重达2/3。1986年，三类产业产值的结构比为61∶13∶26，二三产业分别占比不到1/3。20世纪80年代中后期，为了调整产业结构，望奎县首先从调整农业内部产业结构入手，开始大力发展畜牧业。利用国内食物消费结构转型的市场契机，望奎县的畜牧业在十余年间获得了较好的发展，其产值逐渐与种植业持平。因此，21世纪初，全县提出畜牧经济占农业经济半壁江山的战略规划，畜牧业产值开始超过种植业产值。全县农业产业形成了以生猪为主体、鹅鸭为两翼的畜牧产业以及以大豆、玉米为主的种植业结构。但是仅靠第一产业的发展提升，并不足以形成地方经济发展的强大动力。望奎县开始认识到，必须实现第二、三产业的繁荣发展才能破解经济发展低迷的瓶颈。近年来，望奎县开始着力调整产业结构，提出"调一产、变二产、增三产"的融合发展战略，致力于通过充分利用第一产业的绝对优势，探索一产变二产、三产提升、融合发展的产业结构循环改革道路。

通过多项加工产业的建立和流通服务业的发展，望奎县已经初步形成了肉类制品、粮食制品、调味制品、功能食品、酒类制品、特色饮品"六大食品加工企业集群"。2020年，全县农产品综合加工转化率达到53.4%。全县一产比例开始不断下降，二三产业比例明显提升。数据显示，2018年底，望奎县的三类产业结构比调整为45.2∶34.8∶20，一产比重下降到1/2以下，二产占比超过1/3。通过产业结构的调整和升级，望奎经济总体上呈现了良好的发展态势，2020年，全县GDP实现77.5亿元，同比增长2.6%；固定资产投资同比增长23.0%；规上工业增加值增速实现10.9%；公共财政预算收入实现4.13亿元，同比增长-7.7%；社会消费品零售总额实现16.38亿元，同比增长-3.4%；城镇和农村常住人口人均可支配收入分别达到 20782 元和 15928 元，分别同比增长 1.6% 和 8.9%。

此外，望奎县在国家政策的引导下，大力发展村办企业，督促农户发展"庭院经济"，以逐步构建农户持续增收致富的长效发展机制。截至 2020 年底，望奎县建成了 40 多个村集体项目，消灭集体经济"空白点" 70 个，全县集体经济收入 10 万元以上的村达到 109 个，"庭院经济"几乎实现了全覆盖。望奎县采用产业带动贫困户的发展策略，有效提升了贫困户的收入水平。据数据统计，2020 年底，全县贫困户每户都有 1—3 项产业支撑，贫困户人均纯收入达到 11071 元；通过就业吸纳劳动力，398 个农民专业合作社共吸纳 1427 名贫困人口务工，人均收入 5000 元左右；2039 名贫困人口在域内企业务工，人均年收入 2 万元左右；6000 多名贫困户通过小菜园、小牧园的经营每年增收 600 元以上。

望奎县经济结构在不断调整，并逐渐把"工业"振兴作为实现全县经济转型发展的重中之重，大力发展优势支柱产业，推进经济社会转型升级。以"稳中求进"为工作总基调，继续践行"巩固、增强、提升、畅通"的八字方针。

望奎县有着悠久的历史，特色的文化风情，丰富的自然资源以及以农为主的县域经济，但是在 2011 年望奎县被确定为大兴安岭南麓连片特困地区县。2017 年望奎县共有 34 个贫困村，建档立卡贫困户 9973 户 25576 人，贫困发生率为 6.64%。究竟是什么让这个资源丰富的县城成为贫困县呢？

二、望奎之贫困

贫困本身是一个动态概念，所以它在不同国家、不同地域、不同民族的贫困机理表现有显著差异。尽管自然资源丰富，又是黑龙江省的重点农业县，但望奎县 2007 年被确定为省级扶贫开发工作重点县，2011 年被确定为大兴安岭南麓连片特困地区县。那么，剖析其贫困的根源所在就成为解贫脱困的密钥。

（一）望奎发展之贫

1. 农业生产。望奎县地处中高纬度，属于温带大陆性季风气候。春季多风少雨，干旱低温；夏季降雨集中，温热湿润；秋季降温急剧，常有早霜危害；冬季寒冷干燥，昼短夜长，年均结冰日 186 天。这样的气候特点致使当地农户仅有半年的耕作期，只能种一季农作物，大大降低了土地高附加值的开发率。

由于特殊的农业限制性条件，农作物的生长周期较长，农民只有在秋收的季节才能获得经济收入，如果没有其他收入来源，当年家庭生活所需花费都只能依赖往年的积蓄。一旦家庭出现特殊需求，本就微薄的家庭积蓄往往入不敷出，债务便会接踵而至。这样的债务在秋收后进行偿还，家庭收入又所剩无几，由此恶性循环，农民陷入贫困境地。

对于东北地区的农户来说，拥有农具意味着生活富裕和资本雄厚，不仅可以用更少的劳动力投入耕种更大面积的土地，还可以出租农具获得不菲收入。但对于一般农户而言，农忙季节租用农具却是增加了家庭开支。在劳动力价格与日增加的同时，这样的机械投入成本已经成为必需。可是对那些贫困户或贫困边缘户而言，劳动力短缺、土地耕作面积有限、农业生产成本高都使他们无法依赖土地获得高额收入。在一些年份，即使有国家粮食补贴，但是耕作所得收入仍然较低，以至于这些农户宁愿将土地免费流转出去，自己只靠"不劳而获"的国家种粮补贴过活。在农业收入无法弥补农业生产过程中的劳动力、种子、化肥、机械等投入时，土地流转成为这些农户的必然选择。失去土地的农户多为无劳力者，有限的土地流转收入使得他们的日常生活非常窘迫。当然，也有一些农户为摆脱这样入不敷出的生活方式选择外出务工，尤其是青壮年劳动力不断流出，加剧了村庄的凋敝。

遇到自然灾害，靠天吃饭的农业收入可能剧减，农户收入不稳定，抵抗风险能力弱。望奎县地处平原地区，泥石流、洪涝等自然灾害威胁到居民的情况相对较少，其主要的自然灾害来自旱、涝、风、雹、虫以及低温冷冻等。尤其是，降雨量与玉米、大豆这样的农作物长势密切相关。降雨量太大或太小，对农业生产的影响很大。尤其是，有些农村的灌溉设施年久失修，"看老天爷面子"的农业生产在抵御自然灾害方面处于天然的弱势地位，农业的自然灾害脆弱性极高，绝产或歉收的现象与降雨量几乎同步。灾害造成的基础设施破坏对农民的日常生活影响也较大。望奎县较大的洪涝灾害冲毁过道路、桥梁、堤坝，泡倒过房屋；较大的风灾刮倒过树木以及电力通信设施等；较大的雹灾打坏过建筑物玻璃、塑料大棚，甚至对人畜造成伤害。

1986年6月上旬，全县大部分乡镇遭受旱灾和虫灾，虫灾受害面积47.48万亩，旱灾面积84.95万亩。如此灾害不仅会让农户受灾，作物绝产，房屋倒塌，县域的经济损失同样不可估量。1987年9月25—27日，全县普遍遭受暴风雪袭击，有119.35万亩农田受灾，减产3—5成，粮豆减产1亿斤以上。虫灾和旱灾也时有发生。1993年5月10日，莲花镇、敏三乡遭受特大风灾，风力9级，主风道达10级，草房盖被掀掉346户、756间，铁皮房盖被掀掉20间，卷走田地的烤烟和地膜124亩。低温冷冻灾害主要发生在春种时期，危害青苗；或者在秋季农作物未成熟时期，出现霜冻或降雪，危害庄稼，造成减产。2001年7月9日，因风雹暴雨袭击，望奎县有8个乡镇29个村受灾，13050户承包地受害，颗粒不收的重灾户385户。农作物受灾面积达20.53万亩，绝产面积8.14万亩，造成直接经济损失近2000万元。风灾多发生在早春季节，主要危害房屋和青苗。1986

年 5 月，望奎县气温连续突降至-7.5℃至-9.1℃，是望奎史上罕见低温冷冻灾害，移栽玉米 15.3 万亩，甜菜 1.82 万亩，葵花 0.19 万亩，烤烟 70 亩全被冻死，受灾人口 17.72 万人，经济损失 4800 万元。秋天的暴风雪袭击还会对农田作物、房屋房草以及输电、通信线路造成直接损失。

受灾农户往往会选择贷款或者其他方式抵御当年的风险，但是一旦因自然灾害受灾 2—3 年，农户有极大可能陷入贫困，并背负高额债务。

2. 基础设施。"九五"、"十五"期间，望奎县交通运输业变化较大，县重点干线公路路况得以改善，乡村砂石公路得到提升，基本实现货畅其通、人畅其流。但是从乡镇至村、屯一级的路况却很差，雨天道路泥泞不堪，家中没有靴子根本无法出行。更为严重的是，在秋收期间，降雨频繁，收获的作物因为道路泥泞无法运转出去。作物出不去，农民只能将作物一直存放，错过最佳销售期。交通不便不仅限制了农副产品的销售，制约农民致富，还可能危及他们的生命安全。

首先，住房安全在寒冷的望奎是一个核心问题。受蒙古高压东部以及阿留申低压西部的极地大陆冷气团钳制，在强冷空气爆发时，望奎县的最低温度可达零下 37℃，一年中平均有 5 个月气温在 0℃以下。在冬季，住房如果没有保证，居民生命安全会受到威胁。在 2016 年之前，泥草房在东北十分常见。当地人有一段顺口溜，生动地形容了冬天住在泥草房的农民生活：

"屋顶是用草苫住，几年就得换新草；夏天多半成雨屋，角落都是滴滴答；半宿半宿睡不着，旮旯胡同接雨水；冬天四处都漏风，压上棉裤都冻醒；有钱还能铺砖屋，没钱都是土屋地；扫地呼呼一家土，不洒水就贼埋汰；屋里还有土豆窖，随时想吃下窖掏；没钱只有小草房，一张炕上挤着睡；高处放着酱块子，家家都有酱耙子；炕桌放着笸箩子，几个娘们聚一起，边唠边做针线活；棉衣棉裤手闷子，还有鞋底鞋帮子；男人胖腿坐炕上，抽着自家的大旱烟；三亩地两头牛，老婆孩子热炕头。"

泥草房伴随着几代人的记忆。但是，这样的房子在风雨的侵蚀下极易歪斜，面临强暴雨或者降雪时很容易出现部分坍塌的问题，在冬季，还会出现裂缝，不适宜居住。当年引以为豪的老房子已经变成了让人看着就心惊肉跳的危房。

其次，农村教育设施和教育质量限制了望奎地区农民的人力资本提升。一是农村教育基础设施不完备。望奎县村级学校投入较少，教学设备、操场、教室等基础设施不完备，现代化、多样化教学并没达到相应水平；此外望奎县高度重视特殊教育事业的发展，于 1959 年成立了望奎县聋哑学校，1999 年更名为望奎县特殊教育学校，但其各项仪器设备仍不够完善。随着农村义务教育布局调整工作的开展，撤点并校工作逐渐深入，孩子们上学的交通成为问题，学生每天需要花大量的时间往返学校，上学的便利性、安全性成为问题。2012 年之前学校并没有食堂，之后食堂虽然建成，但也存在着菜品单一、营养不均衡等问题，导致一些学生挑食厌食，营养不良，身体素质下降，无法专心学习。二是农村教学质量堪忧。教师是影响教学质量的重要因素之一，也是留住乡村孩子的关键。望奎县村级学校教师工资待遇不高，加之乡村生活条件艰苦，导致尽管教师进得来，却留不住。留下来的教师队伍往往在教学质量上差一截，不仅年龄偏大，而且知识结构老化，知识面也较为狭窄，不能给学生带来很好的学习体验。没有较好的学习环境以及高质量的老师，导致农村孩子在学习以及各方面竞争力都比较差。当他们没有考上好的高中或大学时，往往会走上务农或务工的道路。这样的工作不需要较高的文化水平，完全是体力劳动。由此便会形成一个恶性循环，农民的人力资本只能停留在本阶层之内。

最后，农村医疗卫生设施无法为村民提供更好的医疗服务。望奎县因其特定的历史和地理原因，村集体至今负债累累，对村级医疗卫生院的投入并没有特别突出。村级医疗设施简陋，物资短缺，加之村医医疗水平有限，往往会导致"小病看不了，大病看不好"的现象。

而望奎人在饮食上喜"油水大"的食物,铁锅炖大鹅、猪肉炖粉条以及锅包肉等都是"硬菜",这样的菜多肉多油,分量也大。望奎人还好吃酱菜,家家户户都是造酱高手,长期食用会对心血管系统造成影响。在如此饮食习惯下,望奎人多患脑梗、高血压、高血糖、高血脂等疾病。但是农民家庭收入渠道单一,他们即使患病,一般去村卫生院看一下,碍于能力有限,村卫生院并不会给他们的病情提供较好的帮助。虽然县城医疗卫生条件完备,来回的路费让农民经常性地选择放弃,因此"小病忍,大病扛,重病熬熬等死亡"成为诸多农民生病时的真实写照。长此以往,因病致贫者越来越多。还有一部分在无法劳作、无基本收入来源、无生存保障的情况下,成为乡村中亟须兜底保障的群体。

3. 思想之贫。除农业生产和基础设施外,思想上的贫困同样是限制望奎县发展的重要原因。望奎县的发展困局还在于贫困户的内生动力不足。因"懒"致贫的表现形式多种多样,也可以概括为"抢着入贫、赖着脱贫",其中既有因外部干群关系距离化导致的农民行为乱象,也有农民个体"等靠要"的思想意识作祟。

农业税未取消之前,因为东北地区是产粮大省,农民上缴公粮的负担很重,很多村集体至今还有因当年缴纳公粮、农业税、集体义务工等所欠下的巨额债务,严重损害了村集体经济发展。同一时期,和全国大多数农村一样,望奎县大多数农村的干群关系也一度恶化。直至农业税取消之后,干群关系才逐渐得到缓和,但却出现了新的问题。村集体经济在经历重创之后所剩无几,再加上村集体的累累债务,除了继续老老实实种田,村庄几乎失去了治理与发展的能力。村干部虽然目睹本村贫困户的艰难生活,但是村集体内部没有经费,又缺乏外部资金支持,没有任何能力实现为老百姓服务、为群众谋利益的目标。群众对村干部的信任度进一步下降,甚至一度出现"仇官"的思想。村庄发展落后、基础设施缺乏、青壮精干的劳动力外出打工、老弱病残留守在村里……面对这样的局面,很多村干部也对村庄治理工作失去了热情和动力，工作怠惰，甚至自己也外出打工去了，村两委干部闹矛盾、村庄治理涣散成为农村税费改革之后的新问题。精准扶贫政策实施以来，扶贫第一书记、驻村扶贫工作队进入贫困村之后，虽然基层党建工作和干部思想发生了很大的变化，但农户中间还存在着争贫困资源的思想。个别农户为了享受贫困户的政策待遇，以子女上学、房屋破旧或者其他理由"打滚撒泼"，争抢贫困户名额；更有甚者张口硬说自己是"贫困户"，给贫困户精准识别工作制造了更多困难，让本来就艰难的精准识别工作难上加难。

懒是"等靠要"思想的根本所在。贫困农民还在遵照着以往"老婆孩子热炕头"旧思想过生活，有劳力者好吃懒做，心中所想的不是靠双手致富，而是怎么凑合怎么过，过不下去找村干部讨要扶贫补助。有的贫穷户子女数量多，既不愿意也没有办法支持孩子们上学，最后孩子们也成了贫困人口，形成贫困的代际传递。此外，农民对扶贫政策的认知不准确又影响政策的落实与实施。例如，在危房改造工作中，个别贫困农户的住房被鉴定为危房后，又不同意按照当地扶贫政策规定的"两不愁三保障"标准维修房子，一心想要借助政策让国家给自己修建理想的大房子。还有个别贫困户没有长久"造血"的考虑，虽然得到扶贫项目支持的鸡苗、鸭苗，可是不思考如何养好赚钱，却把养鸡养鸭当作负担一样向帮扶干部"张口讨要"饲料费用，过度依赖外部支持。除此之外，小农思想的保守性使他们无法应对农产品市场全球化的风险。农民在市场经济中处于一个被动地位，仅靠传统农业已经不能给他们带来富裕的生活，若要更好地发展则需要改变思想，志智双扶。

（二）望奎发展之困

1. 地理位置。黑龙江省是我国最北端以及陆地最东端的省份行政区，望奎在其中部。受限于其特殊的地理位置，长达半年的冬季不仅形成了当地仅半年的耕作习惯，而且养成了以"油水大"的食物为主的饮食习惯，更形成了闲暇而安逸的散漫态度。长久的冰冻期也阻碍了基础设施的修建，望奎县的基础设施建设期是从每年的4月15日至10月末11月初，一旦国家或者相关部门的资金审批缓慢，不能如期开工，建设工程一拖就是半年。因为从11月初开始降雪，道路结冰，高速公路的修建就要停止，半年之后才能继续动工。再加上资金审批等时间限制，当地建一条高速公路需要3年或4年才能竣工，这是望奎与其他地区最大的差异。这样的地理区位和交通设施条件，不仅使望奎县生产的好产品很难走出去，也使望奎人走出去的时间比其他地区晚。当南方很多农村劳动力在20世纪80年代末90年代初就大规模外出务工时，望奎县的农民还在"猫冬"，长期依靠农业生产维持温饱生活。

2. 农业设施落后。单一的旱田种植结构不仅对当地生态结构有影响，还限制了土地附加值。望奎县因其特殊的地理位置，种植仅有半年时间，如果当年降雨充足，耕作时间仅有2个月，余下的10个月时间都是空闲，劳动力浪费严重。而且旱田经济收入有限，"旱改水"可以实现土地附加值的高效化，但是这样的土地改动需要大型机械的支持，边缘户以及贫困户既无法承担如此高成本运作，种起来又没有什么收成，干脆便将土地流转给了大户。望奎县地处绥化市内，盐碱贫水问题突出，没有良好的水利设施，田地改造和农业增收都具有一定难度。

3. 产业落后。望奎特殊的土地禀赋和气候条件形成了其特殊的种植结构以及产业发展形式。同时，黑龙江省长期以来以重工业为主的产业转型困难，加之地理位置偏远，南方经济发达地区的经济辐射效应低。且当地的土地资源优势可基本满足"两不愁"需求，以至于当地以农产品初级加工为主的产业发展难以实现高附加值增长。农业产业发展也面临诸多限制。伴随农村劳动力外出务工的规模越来越大，大量土地流转到种粮大户手中。留在村里的农民老龄化严重，还有病残人群，农业可持续发展的劳动力也成为一个限制因素。为此，农业产业的发展，不仅是产业增收、产品结构升级的问题，还是如何保障农民长期稳定收入、兜底有劳动力的贫困户、激励小农户经营农业的积极性问题。

4. 人才流失。在经济高速发展的今天，任何类型的产业发展均需要强大的人力资源支持。望奎县是黑龙江省的教育强县，但和其他贫困地区一样，当地培养的高层次人才并未返乡服务本地发展。甚至农村受教育程度较高的青壮年劳动力，也几乎全部外出务工，导致留守妇女、儿童、老人成为乡村主力，农村发展的后劲不足。

三、望奎的脱贫历程与挑战

自 1994 年以来，望奎县的扶贫工作经历了"八七攻坚"（1994—2000 年）、综合性扶贫开发（2001—2011 年）、连片开发与精准扶贫共同推进（2012 年以来）三个阶段，历经黑龙江省"十弱县"、黑龙江省级贫困县、大兴安岭南麓特困片区县（相当于国家级贫困县）到脱贫摘帽的阶段性蜕变。

（一）1994—2000 年："八七攻坚"阶段

1994 年 3 月，以江泽民为核心的中央领导集体积极探索，为进一步解决农村贫困问题、缩小地区发展差距，国务院印发了《国家八七扶贫攻坚计划（1994 — 2000 年）》（以下简称《计划》）。这是新中国历史上第一个有明确目标、明确对象、明确措施和明确期限的扶贫开发行动纲领。《计划》明确提出：集中人力、物力、财力，动员社会各界力量，力争用七年左右的时间，到 2000 年底基本解决当时全国农村 8000 万贫困人口的温饱问题。这标志着我国从救济式扶贫向开发式扶贫转变。为了深入贯彻《计划》的相关精神和指示，1994 年 7 月 22 日，望奎县召开十二届二次全委（扩大）会议，通过了"实现兴牧富县奔小康战略"决议。决议通过后，望奎举全县之力，巩固 1985 年以来的扶贫成果，县委、县政府带领全县人民努力奔小康，为今后扶贫开发打下了坚实基础。

基础设施建设成绩斐然。1994 年以来，望奎县实施了"水、电、路、讯、校"五大工程。截至 2000 年，全县用于改善农业、农村基础设施建设的投入累计达 1.3 亿元。全县修建 488.2 公里县乡砂石公路，按每人 1.2—1.5 公里标准设定专人养护，新架输变电线路 25.9 公里，建希望小学 3 所，新打机井 606 眼，全县人畜饮水安全基本得到解决。到 2000 年，接通电话的行政村共 191 个，乡村电话用户达 10111 户，贫困地区的生产生活条件有了明显改善。

科技扶贫硕果累累。各乡镇建立了科技扶贫组织，配备了科技副乡/镇长。全县获绥化市科技推广奖 10 项，其中一等奖 1 项，二等奖 3 项。同时，望奎与全国 20 多所大专院校和科研院所建立了长期合作关系，举办各种实用扶贫培训班 1020 期，受训人数达到 8 万多人次。

社会扶贫动员工作全面推进。1994 年，扶贫工作实行县、乡、村三级帮扶。1997 年，扶贫工作实行乡、村干部包扶贫困户，为 2544 户贫困户解决种子 1 万公斤、化肥 40 吨、粮食 1 万公斤。当年，192 户贫困户脱贫。同时实施了行业扶贫、共富工程等专项扶贫。

产业化扶贫初具规模。在狠抓解决温饱的同时，望奎县积极探索发展商品生产、培育特色产业、依靠产业化增加农民收入的新路子，通过不懈努力，全县形成养猪、养鹅、养牛、瓜菜、烤烟五大支柱产业，发展小尾寒羊、獭兔、肉鸡三大繁育基地，对拉动千家万户脱贫致富起到决定性作用。

基层干群关系得到改善。开展扶贫攻坚工作以来，通过"百名科局干部包扶"、"县级领导帮扶"、"一帮一"等活动的深入开展，贫困乡村干部群众的思想进一步解放，脱贫致富的愿望更加强烈，发展意识、开放意识、市场意识明显增强，干部群众精神面貌焕然一新，基层组织建设和民主法制建设进一步加强。

（二）2001—2011 年：综合性扶贫开发阶段

2001 年，黑龙江省有 14 个国家级贫困县、7 个省级贫困县，但当时望奎县既不是国家级贫困县也不是省级贫困县。经省政府批准，望奎县 69 个行政村被定为贫困村，占其 109 个行政村的 63.3%，是全省贫困村比例最高的县。6 月 23 日，国务院印发《中国农村扶贫开发纲要（2001—2010 年）》（国发〔2001〕23 号）。11 月 17 日，望奎县委县政府召开全县扶贫开发动员大会。大会决议，选派 138 名机关干部组成 69 个工作组，分别深入 69 个贫困村，协助编制扶贫规划。同年 12 月，望奎县制定了《望奎县扶贫规划工作方案》，确定了扶持贫困户 15140 户，贫困人口 61205 人。这些标志着综合性扶贫开发在望奎县正式展开。在这个《工作方案》中，望奎县按照一次规划、分批扶持的原则，每两年扶持一批，开展整村推进扶贫开发，实施"一体两翼"（"整村推进""产业化扶贫"和"劳动力培训转移"）扶贫战略。全县 69 个贫困村，分 5 个批次开展综合扶贫开发工作。

第一批次综合扶贫开发工作在 2002—2003 年实施，重点扶持 9 个村。这 9 个贫困村共有贫困户 2267 户，贫困人口 9748 人。望奎县委县政府为 9 个扶贫重点村分别选派 1 名乡镇科级后备干部任村党支部副书记。两年期间，望奎县共投入扶贫资金 605.7 万元。其中，养殖业财政扶持资金 195.2 万元，用于养牛放母还犊项目；人畜饮水井项目代账扶贫资金 124 万元，财政扶持资金 97.5 万元；用于公益事业和养殖业项目财政扶持资金 189 万元。望奎县先锋镇先锋村、灯塔乡信四村、海丰镇恭三村、卫星镇惠二村 4 个村购回扶贫牛（良种西门塔尔基础母牛）686 头；东升、恭六、厢白 3 个乡 5 个村的 13 个自然屯，打人畜饮水井 13 眼；9 个贫困村各修建 1 处畜牧服务站；8 个村建起了村级卫生诊所。实施县直部门包扶计划的有关部门，为贫困村筹集资金 241.03 万元，修建了 3 所学校，打了 8 眼抗旱井，修了 1 条排水干线、55 处路涵。这些扶贫措施，大大改善了这 9 个村的基础设施状况，建立了畜牧业在望奎发展的基础。

2003 年，望奎县被省政府确定为"黑龙江省十弱县"。2004—2005 年，望奎县第二批次综合性开发扶贫工作展开，覆盖 9 个贫困村。两年期间，望奎县总投入扶贫资金 858.7 万元。在这些资金支持下，9 个村共为贫困户购置发放扶贫牛 1526 头。同时，9 个村完成了畜牧站、卫生所的建设和验收，完成村屯砂石和白色道路 15 公里，完成 13 个自然屯有线电视信号接收塔或地面接收站的建设，14 个自然屯吃上了自来水，培训和补贴贫困户劳动力 2500 人，劳务输出和安排就业 2064 人。

2006—2007 年，望奎县展开第三批次的综合性开发扶贫工作。第三批扶持贫困村 12 个，财政扶贫资金投入达 1056.66 万元，村均财政扶贫资金 88.1 万元。望奎县除了按计划每村修 2 公里的硬化道路外，还积极对上争取资金 165 万元，为海丰镇恭二村、卫星镇厢兰头村、恭六乡信七村、望奎镇厢红五村、后三乡正兰后二村、通江镇坤南村增修白色路面 15.98 公里，路旁全部进行了绿化，部分路段实现了亮化，有的路段还修缮了硬质边沟；为莲花镇宽四村修水泥桥 1 座。通过基础设施项目的实施，极大地改善了贫困村条件。海丰镇恭二村村民李宝玉说："过去我们村是下雨就踹哈溏，扛着自行车走，现在主街道修了水泥路，巷道全部铺了红砖，无论下多大雨，走路都鞋不沾泥。"

2007 年 12 月 30 日，省政府第 31 次省长办公会议确定望奎县为省级扶贫工作重点县，即省级贫困县。全省省级贫困县增至 9 个。

2008—2009 年，望奎县展开第四批次的综合性开发扶贫工作，扶持 21 个贫困村。扶贫资金投入总量为 1815 万元。在这一时期，望奎县的扶贫工作方法和工作成效得到黑龙江省扶贫办的肯定。在全省"雨露计划"培训和整村推进现场会议两次大型会议上，望奎县扶贫经验获得介绍和推广。同时在绥化市扶贫业务工作评比中，望奎县荣获全市第一名。同时，望奎县在全国扶贫开发"一体两翼"工作基础上，大胆创新，争取 150 万元财政扶贫资金，在海丰镇宽二村、通江镇厢白二村、东郊镇香兰四村、卫星镇信头村和厢白乡厢蓝六村实施村级发展生产互助资金试点项目。在"雨露计划"培训工作中，县扶贫办依托县职业技术学校实施"雨露计划"培训，通过基地和到村培训，共培训贫困户劳动力 5561 人次，其中到村培训 129 期，共培训 4361 人次，开设了 6 个基地培训专业，培训班次 20 个，培训贫困户劳动力 1200 人次。

2010—2011 年，望奎县展开第五批次的综合性开发扶贫工作，兜底覆盖最后 18 个重点贫困村。2010 年是黑龙江全省第五批实施整村推进项目的启动之年，望奎县投入财政扶贫资金共计 961.5 万元。2011 年是实施《中国十年扶贫开发纲要（2001—2010 年）》的收官之年，也是全省贫困村实施整村推进项目的最后一年。这一年，18 个重点贫困村获得的第一笔黑龙江省财政拨款扶贫资金就达到 733.5 万元，后又获得老区项目投资 10 万元。同时，望奎县争取到黑龙江省产业化项目建设资金 1000 万元（全省仅有两个县有此项目）、特困片区项目资金 406 万元、贷款贴息 60 万元。在整个第五批次综合性开发扶贫中，望奎县扶贫资金投入总额达到了 2209.5 万元，村均扶贫资金列黑龙江全省之首，在绥化市业务评比中荣获第一名。

（三）2012 年以来：连片开发与精准扶贫共同推进阶段

2011 年 11 月 29 日，中央扶贫工作会议召开，随后发布《中国农村扶贫开发纲要（2011—2020 年）》，扶贫新战略的重点部署在 14

个特殊片区。同年，望奎县被确定为大兴安岭南麓特困片区扶贫连片开发重点县，确定贫困村 17 个。

2012 年 5 月末，按照大兴安岭南麓连片地区扶贫开发需要，望奎县委县政府编制完成了《望奎县区域发展与扶贫攻坚规划（2011—2020 年）》（以下简称《规划》）。《规划》通过了黑龙江省扶贫办和国务院扶贫办审核。9 月 4 日，国务院扶贫办范小建主任到望奎县考察，对望奎县的扶贫开发工作给予高度肯定。这一年，望奎县先后十几次接受国家、省、市多个级别的领导干部视察、考察、检查，另接待多个贫困县到现场学习扶贫工作规划与措施。2012 年当年，望奎县投入财政扶贫资金 2100 万元，总量列绥化市全市之首，包括整村推进资金 600 万元、生猪产业化资金 600 万元及连片试点资金 900 万元。

2013 年是黑龙江全省"十二五"期间第一批实施整村推进项目的验收之年。望奎县 9 个重点村扶贫资金投入总量为 2312 万元，其中整村推进资金 548 万元、老区项目资金 15 万元、产业扶贫资金 1380 万元、扶贫产业及基础设施项目资金 369 万元。在望奎县委县政府的正确领导下，在省、市业务部门的正确指导下，在实施村所在乡镇党委和政府的大力支持下，经过全体扶贫人员和村干部群众的共同努力，高标准高质量地完成了本年度实施村的所有计划项目，积累了一些宝贵的经验。

2014 年，为认真贯彻落实中共中央办公厅、国务院办公厅发布的《关于创新机制扎实推进农村扶贫开发工作意见》，望奎县扶贫开发领导小组印发了《关于创新机制扎实推进农村扶贫开发工作意见的实施方案》，确定了十项扶贫开发的重点工作，每项工作有一个负责部门，且分别制定了专项工作推进实施方案。在整个农村扶贫开发工作中，望奎县扶贫办行使监管职能，对专项工作开展情况进行督促、检查和指导，结合实际、细化任务、明确责任，制定具体实施方案，切实做到工作任务分解到村、资金项目安排到村、责任措施落实到村、扶贫成果惠及到村。全县上下均以改革创新为动力、以解决突出问题为重点、以建立长效机制为目标，切实完善扶贫管理机制和扶贫考核机制，强化帮扶工作机制，着力消除体制机制障碍，提高扶贫精准度，做好扶真贫、真扶贫。

2014 年 5 月初，望奎县全面启动精准扶贫建档立卡工作。经过贫困户申请、行政村评议与公示、乡镇审核再公示、县里公示、数据录入等实际步骤，望奎全县 109 个行政村识别出 34 个贫困村、41582 位贫困人口。

为确保扶贫工作精准到位，望奎县制定出台了《望奎县直部门定点包扶贫困村实施方案》，确定 34 个县直部门作为定点包扶部门，明确牵头领导、包扶内容及完成时限，要求"不脱贫不脱钩"。县委常委会和县政府常务会定期听取包扶部门工作汇报，总结经验、查找问题、研究对策。黑龙江省委省政府派出统战部、水利水电勘测设计院、安监局、气象局和人防办 5 个省直部门到望奎县开展帮扶工作。5 个部门分别成立了定点帮扶工作领导小组，结合部门特点，细化了扶贫工作内容和工作要求，明确了定点帮扶联络员，驻村逐户了解情况。直到现在，这 5 个部门都还有驻村扶贫干部，定期深入田间地头和老百姓家中调查贫困状况，指导村委会开展扶贫开发工作。

2015 年，望奎县以《中国农村扶贫开发纲要》《黑龙江省农村扶贫开发纲要》和《大兴安岭南麓连片特困地区区域发展与扶贫攻坚规划》为引领，围绕贯彻落实"实施双轮驱动、推动综合扶贫"发展战略，坚持区域发展带动扶贫开发、扶贫开发促进区域发展，全年共投入财政扶贫资金 2027.6 万元，减少贫困人口 6115 人。同时，望奎县坚决落实《望奎县帮扶贫困村办法》，坚持推行驻村帮扶责任制。县委县政府干部带头驻点扶贫，行业部门积极参与。全县 15 名处级干部带领 39 个部门参与贫困村驻村扶贫工作，共投入部门帮扶资金 500 余万元，争取和协调项目资金 350 余万元，带动新建和改造特色产业基地 2 万亩，带动贫困农户户均增收 0.5 万元。2015 年 5 月

23 日，望奎县组织举行了私营企业家到贫困村任名誉村长仪式，全省共 34 名知名企业家分别到 34 个贫困村任名誉村长，助力村级扶贫工作，成为黑龙江省扶贫工作的创新之举。

2016 年，望奎县委县政府认真贯彻落实中央和黑龙江省关于精准扶贫的重大安排部署，探索符合望奎实际、注重群众增收的脱贫奔小康之路，举全县之力，加快推进实施"户脱贫、村致富、县摘帽"计划。经过全县上下共同努力，在全县形成了"党委主责、政府主抓、基层主推、部门主帮、社会主扶"的脱贫攻坚工作格局，进一步提升了扶贫成效。

第二章

领导力：望奎精准扶贫的发动机

2013 年，习近平总书记首次提出"精准扶贫"。2015 年 6 月，习近平总书记在贵州召开的部分省区市党委主要负责同志座谈会上，论述了精准扶贫、精准脱贫的总体思路和基本要求。2015 年 12 月，《中共中央国务院关于打赢脱贫攻坚战的决定》明确提出我国要确保到 2020 年农村贫困人口实现脱贫。2017 年 10 月 18 日，习近平总书记在党的第十九次全国代表大会上再次强调我们要"坚决打赢脱贫攻坚战……确保到二〇二〇年我国现行标准下农村贫困人口实现脱贫"。目前，脱贫攻坚战已经到了最艰难的攻坚期，剩下的贫困人口贫困程度更深，脱贫成本更高，难度更大。2016 年，为了全面建成小康社会，黑龙江省第十二届人民代表大会通过了《黑龙江省农村扶贫开发条例》，为黑龙江的精准扶贫、精准脱贫指明了行动的方向。省委、省政府在 2016 年的黑龙江一号文件《中共黑龙江省委黑龙江省人民政府关于打赢脱贫攻坚战的实施意见》中强调，脱贫攻坚是全省工作的重中之重，要把精准扶贫、精准脱贫作为工作的基本方略，埋头苦干，打赢黑龙江省脱贫攻坚战。随后在 2017 年发布了《黑龙江省深度贫困地区脱贫攻坚实施方案》《黑龙江省人民政府关于印发黑龙江省脱贫攻坚"十三五"规划的通知》，切实把精准扶贫、精准脱贫当作全省工作的政治任务。

作为黑龙江省脱贫攻坚中的一员，望奎县的脱贫攻坚战不仅反映了国家、省、市脱贫攻坚政策和行动的落实，更是千万黑龙江人民的奋斗基因、进取精神在新时代的表现。回首脱贫攻坚战的历程，望奎县能在新时期脱贫攻坚这场"无硝烟的战争"中取得骄人成绩，与县委县政府、乡镇、村各级领导班子、工作成员的布局谋划与踏实奋斗分不开，也与望奎县实在肯干能干的老百姓分不开，本章侧重于介绍望奎县脱贫攻坚过程中的强大领导力。

一、组织：由内而外的"变形金刚"

为深入贯彻落实中央、省市扶贫工作会议精神和《中共黑龙江省委、黑龙江省人民政府关于打赢脱贫攻坚战的实施意见》（黑发〔2016〕1号），引导全社会力量积极参与扶贫开发，助推贫困村经济社会发展，望奎县委县政府结合本地的社会经济实际状况，对望奎县脱贫攻坚工作提出了明确的指导思想、实施原则、实施目标。在此基础之上，望奎县委县政府制定了相应的顶层设计。其中最重要的，也是最先展开的工作，便是脱贫攻坚工作的组织设计与变革——无论是从思想统领、观念转变等方面，还是从机构层面都进行了由内而外、由思想到行动的"变形记"。

（一）脱贫攻坚思想统领全县工作部署

望奎县以党的十八届四中、五中全会和习近平总书记系列重要讲话精神为指导，深入贯彻落实"五个一批"、"六个精准"战略，按照"区域发展带动扶贫开发，扶贫开发促进区域发展"的基本思路，牢固树立创新、协调、绿色、开放、共享五大发展理念，坚持专业扶贫、行业扶贫、社会扶贫、定点扶贫四位一体相结合，加快扶贫开发进程，全面建设富庶文明幸福新望奎。

中共望奎县委书记单伟红认为，望奎县能够取得脱贫攻坚的伟大胜利，最根本的原则是"一定要把握全县脱贫攻坚工作的思想统领"。在她看来，所谓的思想统领，是把脱贫攻坚放在望奎县整县工作顶层设计的重要位置来看。从 2016 年起，特别是从 2017 年初开始，望奎县领导班子就提出了以脱贫攻坚为统领性工程的思想。望奎县的顶层设计时时刻刻以习近平总书记关于脱贫攻坚的重要论述来统领工作。单伟红指出："望奎县是把抓脱贫攻坚当作一个思想性的革命。可以这么说，望奎在抓脱贫攻坚上没有什么创新性的宏观性设计，也没有什么战略性规划工作，但所有的一切都是认真学习和贯彻习近平总书记每一次的脱贫攻坚讲话。我经常跟干部们讲，大家一定要认真学，集中学习的时候认真学，没有集中学习的时候，我们自己也一定要第一时间学、认认真真学。我们是把这些讲话的精神，与我们望奎县的实际情况和具体特点结合起来，形成每一个干部在脱贫攻坚中的思想和行动。"无论对望奎来讲还是对全国各地其他省市县来讲，习近平总书记的系列讲话都是一个思想统领，一项工作的顶层设计。如果没有这个思想统领，脱贫攻坚工作很难继续往下推进。望奎县作为一个国家级贫困县，县委县政府领导关于贫困问题的认识和关于扶贫工作的认识，都来源于每一次习近平总书记关于扶贫工作的讲话精神。

望奎县委县政府意识到习近平总书记提出的"五级书记抓扶贫"的重要性，同时也意识到了党建扶贫的重要性。近年来，望奎县委坚持把"党建富民"作为全县工作的核心主题，紧紧围绕打赢打胜脱贫攻坚战的任务，设计了"组织建在产业链、党员聚在产业链、农民富在产业链"的扶贫目标定位，重点实施了"十百千万党建富民工程"，即"培育 10 个党组织+产业化龙头企业+基地+农户典型模式、100 个党支部+合作经济组织+农户典型模式、1000 个党员能人+农户典型模式，带动 10000 名贫困人口脱贫"的"十百千万"党建富民工程，真正实现了基层党组织建设与精准扶贫的互促共赢。

望奎县坚持以党组织为核心，构建脱贫攻坚的组织体系，以保证达到"摘帽"的目标。首先，县委组织相关单位深入调研，摸清党组织、自治组织、群团组织、经济组织、社会组织底数，做到网络架构、隶属关系、人员组成、覆盖范围、功能发挥五个清楚，分类建立明细台账，为优化组织设置提供准确依据。其次，适应产业布局和党员流向的新变化，加快在农业企业、农民专业合作社、产业协会、家庭农场等新型合作经济组织中建立党组织的力度，大力推广"党组织+合作经济组织"党建工作模式，切实做到哪里有群众哪里就有党的工作、哪里有党员哪里就有党的组织，实现党的组织和党的工作"双覆盖"。最后，在党组织的领导下，将共青团、妇联、民兵等各类群团组织调动起来。以党组织为核心，健全村民自治组织、村务监督委员会等配套组织，引导发展经济组织和社会组织，并探索以多种形式构建网络化的组织体系。这些组织需要和贫困户拧成一股绳，要将自身看成桥梁和纽带，引导贫困户从思想上开始改变，从一味要求无偿地给予、把国家的扶贫当作是国家全包、把帮扶当作衣食住行政府全包的错误思想转变为自力更生、艰苦奋斗的观念，动员贫困户逐渐实现自觉脱贫、自主脱贫，最终实现脱贫攻坚的目标。

（二）11 条战线实现内部机构整合

为进一步贯彻落实党和国家精准扶贫政策，推动全县脱贫攻坚工作有序开展，高质量完成脱贫摘帽工作任务，县委、县政府决定在原有班子的基础上成立 11 个脱贫攻坚专项推进领导小组。这 11 个小组分别是经济指标专项推进领导小组、危房改造专项推进领导小组、人畜饮水安全专项推进领导小组、帮扶工作专项推进领导小组、光伏产业扶贫专项推进领导小组、牧原集团生猪产业扶贫专项推进领导小组、教育扶贫专项推进领导小组、医疗扶贫专项推进领导小组、保障兜底扶贫专项推进领导小组、金融扶贫小组、环境整治扶贫小组。11个小组，11 条线，成为望奎县特有的、为脱贫摘帽特别设计的一条"战线"。

每一个精准扶贫的项目专门分出一条线，每一条线都有一位县领导负责，同时加强执行力度和监督力度。"例如，引水工程是统战部部长去抓，住房安全是由纪委书记去抓。县级领导干部的原有分工不变，但同时又打破原有的分工界限，集中推进攻坚任务，每个人的重点主抓工作不同。再比如，金融扶贫工作由主管城建的县长抓，就是通过这一条条线，让每个领导干部确实都能够进入精准扶贫脱贫攻坚战中。"（中共望奎县委书记单伟红）因此，望奎县委坚决贯彻分工明确和任务明确的原则，避免扶贫干部处于"我想干什么我就干什么"，或者"想干什么但是不知道怎么参与到工作中"的状态。所以，望奎县脱贫攻坚成功的一个很重要的原因，就在于当时班子成员全员参加，打破分工、集中推进，把脱贫攻坚中的每一项工作都抓下去。

在脱贫攻坚工作的全过程中，望奎县切实发挥党和政府在扶贫开发中的宏观调控作用，不断加大人员投入力度和资金投入力度，积极动员和组织社会各界参与扶贫开发，形成大扶贫格局。同时，望奎县把三年脱贫攻坚规划纳入全县国民经济和社会发展总体规划，通过加强水利、交通、通信等基础设施建设，推进科技、教育、卫生、文化事业的发展，从而不断改善农村生产条件，进而提高贫困人口生活质量。

（三）引导其他社会力量参与扶贫

习近平总书记曾说过："切实落实领导责任。坚持党的领导，发挥社会主义制度可以集中力量办大事的优势，这是我们的最大政治优势。"[1] 在望奎县，不仅很多中央和省直部门通过派扶贫第一书记、

---

[1] 中共中央党史和文献研究院编：《习近平扶贫论述摘编》，中央文献出版社 2018 年版，第 90—91 页。

驻村工作队的方式参与脱贫攻坚工作，而且望奎当地的很多国企也自愿参与和支持扶贫工作。虽然这些人的人事关系并不在望奎县，既不能从望奎县领取工资或任何福利，也不可能在望奎县获得任何岗位提拔，但是他们还是愿意参与脱贫攻坚这场"战役"。望奎县扶贫办副主任孔德宇说道："脱贫攻坚战一定会是我国历史上一件很重要的事情，当我和我的孩子、我的孙子讲起来的时候，那我会很自豪，我能够有机会参与到脱贫攻坚这场'战役'中来。"

"在平时工作中我也没有谁轻谁重，这些中央和省直部门在望奎县的扶贫工作人员，都可以向他们所属部门寻求扶贫支持，也可以向县委县政府寻求帮助。县委在布置工作或者支持工作过程中，并没把他们另眼看待，而是把他们当作县里扶贫工作的一分子，如果工作需要我们支持的，我们一定支持到。"（中共望奎县委书记单伟红）县委县政府一直保持和中省直部门之间的沟通和协调，认为中省直人员到地方工作是为地方经济发展来服务的，所以一直秉持相互支持、相互理解的态度。

另外，望奎县委县政府对于中省直部门派驻扶贫人员的管理也很严格。例如，中省直部门的驻村工作队每年有固定的扶贫经费，由省直部门审批和管理，第一书记和驻村工作队负责执行。县委县政府不但没有对中省直部门的驻村人员有特殊照顾，而且对他们的扶贫工作也严格要求。有一次，县委暗访扶贫工作，遇到一个中省直部门驻村干部工作做得不到位。县委书记单伟红说道："即使是中省直部门的驻村干部，工作做不好，我也一定要约谈。脱贫攻坚是全国的事儿，不是给望奎干扶贫工作，是给全国人民干。如果你要干不好，我一纸诉状告到省扶贫办，你们省属公司都得被约谈。"单书记之所以这样说其实也只是提出要求，希望大家可以认真对待脱贫攻坚这件事情。

这些驻村人员，不仅支持望奎县的扶贫工作，也积极支持包括城市建设的各项工作，"像国家电网、邮储、农村信用社这些单位做得都非常好，都积极参与全县扶贫，包括平时其他建设，支持都是比较

到位。"（中共望奎县委书记单伟红）

在要求干部、鼓励干部方面，县委县政府领导从来没有对干部区别对待过，不管是中省直干部、国企单位干部，还是县里干部，在县委县政府看来都是一样，需要支持的地方一定会支持到，有任何工作上的问题，只要提出请求，组织上能帮忙的事情一定会出面帮忙解决，这是一个建立信任的过程。在这样一个为了同一个目标，相互支持、相互包容的环境中，望奎县委县政府积极引导其他社会力量进行脱贫攻坚战。望奎县脱贫攻坚具体做法体现的是国家治理和社会治理的双重发力，是统筹规划的顶层设计，是激发群众的内生动力，是具体情况具体分析，是"火车跑得快、还需车头带"的工作精神。

二、监督：干事创业的压力

在监督机制方面，习近平总书记指出："督查验收要实，做到制度实、规则实、监督实，加强检查，严格验收，既不拖延，也不虚报。"[1] 为认真贯彻落实中央有关脱贫攻坚工作的部署要求，深化落实党和政府相关政策，贯穿精准扶贫全过程的监督工作也不能放松。望奎县采取脱贫攻坚工作监督检查常态化工作机制，坚持摘帽不摘责任、摘帽不摘政策、摘帽不摘帮扶、摘帽不摘监管的"四个不摘"原则，深入查处脱贫攻坚中存在的突出问题，切实加大专项整治力度，压实落靠"两个责任"，持续巩固提升全县脱贫摘帽工作成果。

脱贫攻坚是一个持续且艰巨的任务，需要多方力量的保障机制，党和政府是第一责任人，同时也应该积极发挥企业、人才等社会力

---

① 中共中央党史和文献研究院编：《习近平扶贫论述摘编》，中央文献出版社 2018 年版，第 114 页。

量，保障充足的资金支持。在监督监管机制方面更应该积极发挥党和人民的作用。做到习近平总书记指出的"扶贫工作必须务实，脱贫过程必须扎实，扶真贫，真扶贫，脱贫结果必须真实，让脱贫成效真正获得群众认可、经得起实践和历史检验，决不搞花拳绣腿，决不摆花架子。要实施最严格的考核评估，开展督查巡查，对不严不实、弄虚作假的，要严肃问责"①。

（一）调度会

望奎县最初为本县设定的目标是力争 2017 年脱贫，确保 2018 年脱贫。当时，绥化市并没有要求望奎县一定要在 2018 年脱贫摘帽，但是贫困县之间都有相互比学赶超的劲头。"当时对我们来讲，确实感觉到不是怕干工作，而是怕这些工作做不好，辜负党的期望。"（中共望奎县委书记单伟红）所以，望奎县举全县之力开展精准扶贫工作，对于国家、省、市和部门的各种监督工作，单伟红书记是这样说的："我那时候觉得只有把所有的工程、所有的项目、所有的户都研究好，才能做好扶贫工作。以前工作经常总结典型，现在的工作没有什么典型可谈，就是要加紧完成工作。这项工作并没有什么高科技含量的东西，就是把老百姓的工作实实在在地做好，不能动心眼！动什么心眼都不能过。假如我们要动心眼，这左一批右一批的过来检查的，一会儿国家来暗访，一会儿省里又来暗访明察，根本就不可能动什么心眼。你要做不实，你随时都可能被查到问题。"

自从张庆伟上任黑龙江省委书记以来，该省的精准扶贫督导检查工作抓得非常紧，尤其是通过调度会督导扶贫工作的制度。这项制度中有这样一项工作：张庆伟书记等省委领导班子和全省贫困县的县委

---

① 中共中央党史和文献研究院编：《习近平扶贫论述摘编》，中央文献出版社 2018 年版，第 117 页。

书记每月开一次视频会议。在开会的过程中，县委书记必须不看任何稿子，脱稿汇报在一个月内开展的主要工作和工作成效。而且，每个县的工作必须在 8 分钟之内汇报完毕，8 分钟一到，省委副书记立即叫停，即使没有汇报完毕也会被叫停。"首先，如果没有实干，是很难脱稿汇报工作的，而且需要准备随时回答省领导班子提出的问题。其次，如果讲得不好或者是直接被叫停，在全省 60 多个县的县委书记面前受到批评，不仅丢脸，还要承担很大的心理压力。"（中共望奎县委副书记马天民）

"调度会可能在不同时间调度。我记得第一次调度就调度我们望奎县了，8 分钟时间内需要把近期脱贫攻坚的工作都讲清楚。我理解张书记的意思是，你要不是真干出来的工作，就让你背，你也背不下来。不看稿，背稿子和让你讲自己真正做的工作，这是两个概念，效果也是完全不一样的。"（中共望奎县委书记单伟红）真正干下来和背下来是能看出来的，就算你可以背下来，但是很难说清楚。

以上便是黑龙江省委书记张庆伟率先提出的调度制。望奎县领导认真学习了这个制度，如法炮制，在县内和乡镇党委书记也进行每月一次的调度会。调度会是不定时、不定期开展，随时打电话进行调度会，要求乡镇党委书记三分钟或五分钟内必须脱稿讲述近期的扶贫工作。"当时扶贫工作期间最怕的就是调度会，一般是县委办通知，单书记亲自调度。我们不用去县里汇报，在乡里直接打开手机视频进行会议调度，汇报包括完成情况、进展情况等，所以逼着乡镇党委书记必须主抓扶贫，不然没办法汇报。"（卫星镇镇长王志）望奎县委书记与各乡镇书记之间的调度会是学习省委书记与贫困县县委书记之间的调度会做法，体现的是"五级书记抓扶贫"的精神，同时也是对各级干部的工作进行检查与监督的最直接有效的方法。

（二）县级监督

自脱贫攻坚战以来，望奎县首先建立了脱贫攻坚责任机制，明确县、乡、村党政一把手和各部门一把手分别为各级各部门脱贫攻坚工作第一责任人，全县 15 个乡镇全部签订了《脱贫攻坚责任书》。根据年度脱贫任务目标，特别是紧紧围绕错退率、漏评率、综合贫困人口发生率和群众认可度等贫困退出主要考核指标，逐乡逐村逐部门地落实任务目标，确保每项任务指标都细化落实到具体单位。根据脱贫攻坚工作总体要求和各乡镇村局部差异，坚持帮扶部门、驻村工作队、乡镇驻村推进组和帮扶责任人"四位一体"统筹下达各项帮扶任务，从县级领导到各乡镇各部门领导，从乡村干部到帮扶责任人，层层分解落实帮扶责任。对扶贫脱贫过程中的每项工作都组成专门的专项督查组，对工作中的干部作风、任务落实、责任落实、工作进度、工作成效等方面按照时间节点、操作程序、规范标准等相关规定进行全面监督检查，有力地提升了各项工作质量。

"我在乡镇工作期间，有一天晚上九点多钟，组织部长亲自带队到乡镇去检查，没有提前通知，直接到行政党委。我刚刚睡觉，组织部部长敲门，给我吓一跳。我说领导啥指示，他说，'你领我上你的8 个村驻地，就你自己带队，不用带其他人'。县里就那么考验我们，让我亲自领班，就是说驻村工作队在哪屯哪户，就看你有没有实干。"（中共望奎县民政局局长王志龙）

在县级监督的过程中最重要的一点便是随时检查，检查出问题，随时整改。"县委县政府干部，只要下去（下乡调研），就可能会发现问题。那时候的工作机制就是，白天我把大家都撵下去，我也下去。下去之后，如果觉得一切工作正常，就在下面待两天。一旦发现问题，而且问题比较严重，马上回来进行会商。"（中共望奎县委书记单伟红）在检查的过程中，各级领导和部门也发明了一些方法，防止出现应付检查的问题。例如，到驻村工作队的驻村办公室检查时，第一时间先用手摸一下汽车前盖是否还热，如果热说明工作队刚刚到达、得到消息赶来应付检查；检查工作时，不去办公室，而是先去查看其住所有没有刚刚离开的"生活痕迹"；等等。当时的随时检查、随时会商机制发挥了很大的作用，一旦发现哪一个环节有问题就即刻召集大家回来进行开会商量。例如，下去检查的领导发现房屋改造过程中有偏亲向友的现象，其他人有没有遇到这样的问题？如果有，程度如何？如果没有，还有没有遇到其他的问题？这些问题是个性还是共性问题？针对下乡调研发现的各类问题，县委县政府的干部开会商讨出解决方案，马上把问题全部贯通，按照检查出的问题再排查一遍，立即进行工作指导。这样的工作机制使得领导和干部在抓脱贫工作的过程中，人人心里有数。

"我们是有各种灵活监督机制的。有一次，我、组织部长、纪委书记、主管农业的副县长，还有我们一个专职常委，五个人一起在晚上十一点带队出去抽查。我们就是看驻村工作队有没有驻村，在干什么。我们到那之后，这些人齐刷刷的都在一块，都晚上十一点了。我说你们怎么不休息，他们说还有点事没处理完。我说那你们辛苦了。因为是冬天，他们又工作到那么晚，确实是很辛苦。我们就走了，但是我兜一圈又回来了，也就十几分钟的事，回来了之后，这几个干部就都没在村办公室了。这很明显是应付检查。我们并不要求干部们必须工作到晚上十一二点，但是工作就是工作、没工作就是没工作，不能假装工作，更不能应付检查。那个时候是脱贫攻坚最艰难的时期，实事求是地讲，是要求我们领导干部要有态度，扶贫一线的工作干部也要有态度，实际上就是压力传导。我们下去检查工作，书记县长都在办公室等着检查结果呢。作为县里主抓扶贫工作的干部之一，我发现这样的问题肯定要严肃处理。第二天，县里开会之后决定，这个驻村的副科级干部，以及他的主管部门一把手同时换掉，并给予警告、全县通报。没有这样严格的监督和处罚措施是不行的。你想想，他如果一直都是和稀泥，检查就来、不检查他就走，连个驻村的形式都没有做到，实质的工作他能够推进多少？"（中共望奎县委副书记马天民）

对于帮扶责任人的日常管理，一般由派出单位、驻村工作队和村"两委"共同负责。驻村工作队管理为主要方式，他们负责做好帮扶考勤登记工作，原则上要求每名帮扶责任人每周至少深入所帮扶户1次以上。县委组织部、县驻村工作办公室（2017年4月，因驻村工作队的成立特设立县驻村工作办公室）负责帮扶责任人的日常督促工作，不定期针对结对帮扶工作进行明察暗访，确保实现"真帮扶"。每周，全县通报帮扶部门及帮扶责任人的帮扶工作情况，对未按要求走访、工作作风散漫、不尽职尽责、群众满意度差的帮扶责任人，将情况反馈给派出单位，督促限期整改，并对派出单位主要负责人进行严肃追责问责。帮扶责任人帮扶工作年度评价意见，作为干部年度考核的重要依据。被评为"不合格"等次或帮扶期间成效不明显的，取消年度评优资格，一年内不得提拔晋升或平职交流到重要岗位。

（三）自查制度

望奎县率先创立了自查制度。"外面来的和上一级来的是检查、督促。我们县内组织力量检查自己的工作是自查。我们的自查方式有多种，有乡镇间的循环链条式检查，A乡镇检查B乡镇，B乡镇检查C乡镇，C乡镇检查A乡镇，就是所谓的推车推磨。在同一乡镇内，村与村之间开展相互检查，就是A村检查B村，B村检查C村，C村检查A村。我们当时考虑的是两级负责制，乡镇之间的互相检查是对本县负责，由乡镇的镇长、党委书记带队，检查工作要求必须查出问题，发现问题可以整改问题，但发现不了问题是失职，发现问题不上报、不整改是渎职。"（中共望奎县委副书记马天民）

在进行自查的过程中也查出来一些问题。"我记得我曾经在大会上严厉批评过一个乡镇党委书记，因为我们自己搞了一次自查之后，他所在乡镇扶贫工作的各种指标都不是很高。当时在全县所有的干部大会上，我点名批评了他，批完之后马上进行约谈。谈话的时候，那个党委书记，50多岁的大男人啊，痛哭流涕，进行了深刻的自我反省。后期，他领导的乡镇的扶贫工作进步很大。"（中共望奎县委书记单伟红）

自查制度也是望奎县所特有的制度，同时发挥检查和督促的作用。除此之外，县纪委监察局、县扶贫办、县直各相关部门及乡镇纪委都向社会公开信访举报电话，及时受理群众投诉举报，引导群众通过专项举报平台，对县内脱贫攻坚工作进行全方位监督，形成无处不在的监督网。同时，各乡镇、各部门查出的违纪问题及时上报县纪委，县纪委则定期对典型问题集中进行公开通报，不断增强警示震慑效应。

三、示范：向前跑的推动力

习近平总书记在会见全国优秀县委书记时，对县委书记提出了新的要求："县委书记特别是贫困地区的县委书记在发展上要勇于担当、奋发有为。要适应和引领经济发展新常态，把握和顺应深化改革新进程，回应人民群众新期待，坚持从实际出发，带领群众一起做好经济社会发展工作，特别是要打好扶贫开发攻坚战，让老百姓生活越来越好，真正做到为官一任、造福一方。"[1] 对于县域脱贫攻坚工作来说，以县委书记为首的县级领导班子的作用至关重要，既是引领更是示范。

---

① 习近平：《做焦裕禄式的县委书记》，中央文献出版社2015年版，第67页。

（一）榜样力量

望奎县领导班子在脱贫攻坚工作中，以身作则，成为引领所有扶贫干部的好榜样。火车要想跑得快，还得需要车头带。团队的凝聚力，团队能力的激发都需要一个好的发动机，带着大家一起干。2017年，中央提出"五级书记抓扶贫"的要求，望奎县委书记单伟红的工作作风就获得大家的一致认可。"2017年冬天，单书记带着县委办公室副主任，后备箱带着行李，意思要在通江镇走访工作几天，不回县城了。白天她走访农户走了一天，晚上就在通江镇一个村的妇联主任家住着。大家伙知道这个事儿，都给我们这个女县委书记竖起了大拇指。"（中共望奎县民政局局长王志龙）单伟红书记带头，深入扶贫工作一线，把工作职责看得比什么都重要，把扶贫工作放在所有工作的首位，给望奎县的各级干部作出了表率，树立了榜样。"我觉得跟大家并肩作战，最主要的是一定要亲自上手、站到最前线。在脱贫攻坚这项工作中，我要做到事无巨细，把这样的作风传给大家。所以我也是逐步传导给我们周边这些人这种工作作风，包括切实去到各个乡镇、村，这也是我们切实做到的。当时，从我本身来讲，就是一个能够真领着大家干。这也是上级对我们提出的要求。在（脱贫攻坚）这个宏大的工程面前，你一个县委书记不亲自干，哪块出现问题都不好。"（中共望奎县委书记单伟红）

单伟红书记的这些话并非纸上谈兵，都贯彻在她自己的具体行动中。2017年8月，国家要求贫困县县委书记必须要在中央党校学习两个月。当时，单伟红按要求赴中央党校学习，但是每个周末都回望奎，检查县内各项工作进展。9月底学习结束，虽然是十一国庆假期，单伟红回来之后并没有休息，而是直接下乡，到各乡镇、村视察扶贫工作。令她感动的是，全县负责抓11条战线的负责干部，全都在岗，在他们所负责战线工作的一线。组织房屋改造、组织饮水工程的负责干部都在乡镇和村庄指导工作。

在单伟红的带动下，望奎县很多干部都培养起全心全意投入扶贫工作的工作态度，相互激励。"我们班子这些干部，我也挺被他们感动。赵铁雨县长，非常敬业，他忙起来，自己家里的事情基本不管。为了支持他的工作，他爱人主动从一线岗位上退下来，这样可以多一点时间照顾家庭。马天民副书记的母亲在精准扶贫工作最紧张的时候病了，需要做手术，他父亲也有病，但是他作为主管扶贫工作的领导干部，一点也没有因为家里的事耽误工作。还有县人大、县政协两位主席，年纪也都不小了，五十六七了。一般人认为人大、政协的岗位都是清闲的，但他们在工作上丝毫看不出这种感觉，有什么事情就率先冲上去。"（中共望奎县委书记单伟红）

当时在任的刘晓光副县长也主管扶贫工作。他投入扶贫工作的很多故事也在扶贫干部中间广为流传。他家在绥化市里，有时候晚上开会结束时已经很晚，第二天早上很早临时通知，有个事情需要马上开会讨论，他就从绥化往望奎赶。但是在高速公路上，连车带人一起掉沟里了。"当时，他给我打电话说要迟到10多分钟，但是没说为什么。我也没细问，按时开会，大家先讨论着。会议开始之后大约20分钟他来了，跟没事儿人一样和大家开会。直到下午散会以后，他才说在高速路上车掉沟里了，请交警处理完之后坐交警车回来开会的。这些事情都让我非常感动。"（中共望奎县委书记单伟红）

（二）创新意识

望奎县一直很重视基础设施的建设，积极争取各类扶贫资金，加强贫困村屯道路交通、农田水利、互联网等基础设施建设，确保贫困村全部通上硬化路，保障做到"三有三通"。"三有"即有卫生室、有村医、有文化活动场所；三通即通路、通宽带、通有线电视。望奎县探索提高贫困户建房补助标准，采用贷款贴息、建设集体公租房等形式，全面消除贫困户危房。实施农村饮水安全巩固提高工程，全面解决农村饮水安全和饮水困难问题。实施中小河流治理、农田除涝、抗旱应急备用水源等工程，提高防洪减灾能力。结合新型城镇化建设，推进农村环境连片治理，支持贫困村生活垃圾处理、污水处理、改厕、村庄绿化美化，扎实推进美丽乡村建设。实施教育扶贫工程，加大贫困地区基础教育投入，阻断贫困代际传递，让贫困村、贫困家庭的孩子接受良好教育。合理调整农村中小学布局，加强寄宿制学校建设，提高义务教育巩固率。对参加中高职教育的贫困家庭学生免除学杂费，给予生活补助。全面落实教育扶贫结对帮扶行动计划，加大对贫困家庭大学生的救助力度。坚持扶贫先扶志，发扬群众自力更生、艰苦奋斗、勤劳致富精神，同时注重充分调动贫困乡村干部群众积极性、主动性和创造性。

首先，以各乡镇、交通运输局、水务局、电业局和农业开发办为责任单位，实施村屯基础设施改善脱贫工程。基于望奎县黑土地的特征，紧紧抓住"两大平原"现代农业综合配套改革的有利契机，叠加扶持政策，统筹扶贫、水利、交通、电力、农业开发等各项涉农资金，重点帮助贫困村改善通路、通电、通水等基础设施。望奎县精心编制了《望奎县公路网"十三五"规划》，在资金筹集方面遇到困难时率先使用"PPP"模式进行融资，成为首个在"中国招标与采购网"上发布并成功落地实施的农村公路项目，开辟了黑龙江省"PPP模式"建设农村公路的先河。这种创新的资金筹集方式使得在脱贫期限内，全县贫困村中157公里村屯道路达到全部硬化，实现道路畅通，同时保证常住户籍人口300人以上的自然村通班车率达100%。在饮用水方面，贫困村自来水普及率达到100%，实现饮水安全。推进呼兰河流域综合开发，加强农田水利工程建设，充分挖掘旱改水潜力，增加水田面积3万亩，打造30万亩水田和百万亩高标准生态农田，形成优质粮食和特色经济作物产业带，全面提高粮食产能及抗灾能力，促进贫困户增收致富。

其次，以各乡镇和住建局为责任单位，实施易地搬迁和泥草房改造工程也体现了一种创新。早在2008年，黑龙江省已经开始推行泥草房改造工程。自精准扶贫实施以来，危房改造工程一直在不断落实与加强。为保障公平，望奎县在危房改造工程中率先采用第三方评估的方式，分为C级危房（补贴14000元）和D级危房（补贴28000元）。此外针对贫困户的住房问题，望奎县结合新型城镇化建设，对生态条件极差、居住环境脆弱、群众有搬迁意愿的贫困村屯，有计划、分阶段实施撤屯搬迁，促进土地合理流转，发展规模经营。开展撤屯搬迁，允许将城乡建设用地增减挂钩指标在全县范围内使用。同时结合美丽乡村建设三年行动，借助国家泥草房改造政策，加快建档立卡贫困户泥草房改造进度，对不适宜搬迁的贫困户泥草房，采取分户改造、贷款贴息、建立公租房等办法予以解决，确保贫困户住房安全。

有些扶贫工作，可能按部就班地推进也能推动下去，但是如果能够在工作方法上有创新，会给贫困人口提供更便捷、质量更高的服务。例如，望奎县医保局医疗设备和条件正在不断地提升，但是他们在研究关于医保、医疗、医药怎么更好地结合的一套程序，以及如何实现更方便地为患者服务，更好更快核销医疗费用的方式等。医保是涉及民生最重要的一个区域，怎么给老百姓更好核销，就是更好更快更便捷地服务于群众的一种创新。此外，望奎县首创"医共体"也是健康扶贫的一大创新。望奎县共有17个乡镇卫生院，分别由县两大医院负责对接，其中人民医院负责8个、县中医院负责9个，实现医共体全覆盖，改善贫困人口医疗服务水平。人民医院和中医院两大医院分别带队下乡，同时实现疑难病症远程会诊。以前老百姓做个化验都得到县城两大医院，不仅多花钱还要多花时间。为此，望奎县"医共体"系统通过政府投入300万元资金、人民医院和中医院共同投入300万元资金的创新联合投资方式，实现17个乡镇配齐所有的化验设备，为老百姓看病提供了极大的便利。

在望奎县的工作中，创新不只是说说而已，而是切实体现在每一项工作中，每一份与人民福祉相关的责任中，望奎县一直奔跑在如何通过创新更好地服务于人民的路上！

（三）压力意识

脱贫攻坚既是一场没有硝烟的"战争"，意味着一种绝无仅有的工作压力，也蕴含着空前强大的动力。作为一线脱贫攻坚工作负责人的县委书记首先承担这样的压力，也将压力传导给周围的干部，将压力转变为推动扶贫人员干事创业的动力。当回顾扶贫工作的历程时，单伟红书记说，"我经常开通宵的会，有时候来不及吃饭就给他们发点面包，那个阶段确实很紧张。因为当时没有经验可谈，各县有各县的特殊情况，不能向别人学习摘帽是怎么摘的，而且还面临着马上接受评估的问题。"

脱贫攻坚难度大、压力也大，个别干部因为工作力度不够被免职或调岗，整个县域的扶贫工作团队绝对不能因为一个失职干部的存在影响脱贫攻坚的全局。为了保证精准扶贫的工作力度和效率，望奎县委书记和县长多次、反复约谈乡镇扶贫干部。单伟红书记说："我和县长一起和某乡镇的书记一起谈的，因为他所在乡镇脱贫攻坚工作推进力度弱，与其他乡镇拉开了很大的差距。因此，县委决定对他进行岗位调整。"在这样的关键时期，党委和政府以脱贫攻坚工作执行和推进力度为标准，对不同的工作人员以明确的态度，以赏罚分明的制度传导工作压力、激励工作动力。脱贫攻坚最艰难的时期，望奎县的县委书记、县长加上主管扶贫工作的副书记和副县长经常一起开会到深夜讨论工作，他们也在承担着巨大的压力。有一次开会到凌晨一点，赵铁雨县长开玩笑说："完不成这个脱贫攻坚的任务，咱们愧对江东父老，愧对组织信任。要真是不行，望奎县城四个城门楼，咱四个人一人吊一个吧！"

单伟红书记同时认为，国家提出 2020 年打赢脱贫攻坚战，对于贫困地区来说，既是挑战，也是机遇，因为在此期间国家和省级政府都对贫困县给予了尽可能大的资金支持与政策支持。为此，她指出："我们要抓住这个机遇，不光是要在这个期间把贫困户的事做好，完成脱贫攻坚的工作，同时也要抓好县域经济发展。当我们这几年在推进贫困户的脱贫工作时，县域经济也在同步推进。"脱贫攻坚给了干部工作压力，同时国家支持也到位，只有把压力转变为动力，才能抓住国家的支持，把县域经济发展的短板补上。"我觉得作为县委书记这种定力还是要有，既要给大家压力，也不要给大家带来这种惊恐，诚惶诚恐也不行，压力传导要把这种空前的氛围传导下去，同时这种传导还可以让大家统一思想，坚定信心，这种不慌不乱的定力也要传导下去。"

（四）问题意识

脱贫攻坚工作从精准扶贫开启之初到完成"摘帽"，望奎县始终坚持"问题意识"——随时可能出现问题、随时发现问题、随时整改问题。扶贫工作做了几十年，但全国各地都出现了这样或者那样的不精准问题，尤其是贫困户识别不精准。识别不精准的情况下，什么样的扶贫工作也起不到有效脱贫的作用。望奎县设立的各种检查监督机制，也是受"问题意识"的指导，确保扶贫工作的有效性。如今，望奎县已经成功"摘帽"，但还需要继续研究精准施策的问题，因为脱贫攻坚已经到了解决最难啃的"硬骨头"阶段——剩下的都是贫中之贫、困中之困。而对于扶贫干部来说，面临的新挑战是脱贫摘帽之后，如何保持所有人的干劲和热情的问题。

"我们今年又搞了一次脱贫攻坚的回头看工作，发现不少问题，但是这些问题大部分是共性问题，前两年各乡镇出现的五花八门的扶贫问题已经很少了。例如，现在村里还有新盖完房子但需要引进饮水工程的情况；有的饮水工程管线需要修理，像之前有几个管线受冻了，需要随时进行维修。当然也包括饮水工程的后期管护问题。我前两天又参加国家布置回头看的会议，我回来也跟全县扶贫干部传达了。我跟大家谈得更多的是认清脱贫攻坚的总形势。现在脱贫攻坚到了最关键的时期，到了攻山头的时候，也到了我们要交卷的最后那10分钟了，我们得反复看看落题的、写不写名等问题，这就是脱贫攻坚中最关键时期。"（中共望奎县委书记单伟红）

脱贫攻坚工作和其他工作相比较，确实是需要一家一户进行调查。比如以前百姓争贫的，支部书记、村干部偏亲向友等这些问题可能在每个地方都会存在。望奎县共有109个行政村，其中也有软弱涣散村，也有村支部书记能力欠缺或者责任缺失的情况。目前，望奎县完成了精准扶贫的工作，也顺利通过了第三方评估和各种检查，但是也到了各种新问题的显现期。"首先，我们集中完成脱贫攻坚之后，还有没有一些问题这两年巩固得不好？还有没有因为政策性因素需要进行调整的工程？其次，我们也不能排除脱贫摘帽之后，大家多多少少有松懈心理，也带来一些作风问题。所以我说现在都是问题显现期，但是我们最终不要怕问题，要及时发现问题，认清现在这个时期。"（中共望奎县委书记单伟红）尽管已经完成精准扶贫工作，但望奎县委县政府并没有放松关于防止返贫的问题研究，正在探讨研究贫困户分类施策、帮扶更精准、确保不返贫的问题，以保证脱贫攻坚成果的可持续性。

四、氛围：良好的政治生态

2018年3月10日，习近平总书记参加十三届全国人大一次会议重庆代表团的审议时强调："政治生态同自然生态一样，稍不注意就容易受到污染，一旦出现问题再想恢复就要付出很大代价。"① 望奎县委县政府班子成员和谐相处、对干部赏罚分明等行为，营造了一个稳定有序、创优争先的政治生态环境，成为激励扶贫干部踏实做事的有力保障。

（一）县委县政府的合力

一个地方政治生态好不好，重点看"书记县长是不是有正事，四大班子是不是团结战斗"。政治生态好不好，与干部的工作责任心强弱和积极性高低有很大的关系。如果一个县的县委书记与县长不和、拉帮结派，这个地方的干部会忙于"站队"，很难干事创业。"对于我和赵铁雨县长来讲，我们俩从来没有说哪个干部是你的人，哪个干部是我的人。我当县长的时候，和我们县上一任县委书记的沟通、合作也都很顺畅，在我们县营造了很好的政治生态环境。我的上一任书记也是很能干事的人，我们俩配合得非常默契，已经成为望奎县的政治传统。这个接力棒要传下去，要始终营造一个好的政治生态，让干部们可以放下所有顾虑，踏踏实实地干事创业。"（中共望奎县委书记单伟红）

"这些年，我们一直在干事创业。赵铁雨县长尤其强调望奎县良好的政治生态，书记、县长通过全县干部的传帮带，提高干部的精气神儿，这不是一朝一夕形成的。我们这些年基本上没啥礼拜天，一周最多歇一天，周末不干工作就难受。"

此外，书记和县长配合好了，提高了工作效率，干部还不跟领导藏私心。"以前和干部交流时他们提到，干部们总会考虑这个事情跟县长汇报怎么说，跟书记汇报怎么说？到我们这里就是，干部一看我和赵县长在一起呢，随口就说：'正好你们俩都在这，跟你俩一起说

---

① 《牢记使命——来自两会的声音 2018》，中国言实出版社 2018 年版，第 18 页。

说怎么回事。'有时候赵县长在商量事呢，一看，'不行不整了，这么复杂，上书记那，咱一起定完得了'。"（中共望奎县委书记单伟红）县委县政府的两个主官的相处方式很重要，两人和谐相处，相互没有心眼，这样基层干部也好干事，也不会猜心思。否则县长和书记一闹矛盾，干部就躲着走，这样的政治生态会严重影响地方的发展，一耽误整个县就几年都不能发展，大家都不能办事，想干事也干不了。"所以一个地方的政治生态也很关键，我们县长也非常优秀，还能干事，而且讲政治、讲大局。同时我觉得这也是一个好的队伍形成的重要原因。在望奎一遇到重要的事，干部能迅速形成一致的意见，思想统一之后，会马上把这思想贯穿下去，基层干部就知道怎么干，工作效率也有提升。"（中共望奎县委书记单伟红）望奎县委县政府不仅把脱贫攻坚当作望奎县的事，更是把脱贫攻坚当作全国的事情，一直坚持认为望奎县脱贫攻坚的完成是自己应尽的职责和任务。

望奎县委县政府之间良好的关系、和谐的相处方式有利于良好的政治生态环境的建立，和谐的政治生态环境不仅有利于当地经济的发展，而且有利于调动当地干部的工作积极性。县委县政府只有目标一致，两者合力才会建设成为全面富庶文明幸福的新望奎。2018 年，绥化市在全市评出两个第一档次的政治生态良好县，望奎县便是其中之一。

（二）资金整合利用

2015 年，习近平总书记指出："在增加财政投入的同时，要加大扶贫资金整合力度。一方面财政投入不足，另一方面有限的资金又被分割，造成资金使用效率低下，各地对此反映强烈。这个问题表现在下边，根子在上边，必须下决心解决。在中央层面，要抓紧对目标相近、方向类同的扶贫资金进行整合。请国务院扶贫开发领导小组牵头拿出方案，切实解决小散乱的问题。要给贫困县更多扶贫资金整合使用的自主权，支持贫困县围绕本县突出问题，以脱贫规划为引领，以重点扶贫项目为平台，把专项扶贫资金、相关涉农资金、社会帮扶资金捆绑使用。要发挥好各级扶贫开发领导小组在扶贫政策安排、扶贫规划制定、扶贫工程实施上的统筹协调作用，提高资金使用效率"。①望奎县为了保证脱贫攻坚的顺利开展，整合使用扶贫资金来支持脱贫工程。

望奎县财政每年拿出收入增量的 10%—15% 用于专项扶贫预算，并整合产粮大县和生猪调出大县奖励资金，优先支持贫困村发展种养业。财政资金投入贫困村建成的产业项目、形成的资产产权归属村集体所有，经营权依托新型农业经营主体，主要受益主体为贫困户。同时，望奎县鼓励和引导各类金融机构加大对扶贫开发的金融支持力度，对符合小额担保贷款条件的贫困户，经相关部门审核后给予 5 万元至 10 万元中长期创业贷款扶持，对于带动 5 人以上贫困户就业的经济组织，经相关部门审核后给予 10 万元至 15 万元中长期贷款扶持，并给予贷款贴息补助。为提高财政涉农资金使用的配置效率和精准度，望奎县制定了财政涉农资金统筹方案。

"关于项目资金的使用：第一，望奎有评审机制，所有的整合资金、项目如果想要使用必须经领导小组集体研究决定。第二，确保科学实施，我们有一个项目入库准入机制，如果想要使用扶贫资金开发项目需要提前经过评审论证入项目库，进行项目库管理。每年会根据项目库进行筛选，上哪些项目。第三，项目资金的严格监管。整合资金由政府统一管理，但在落实基层政策上，可能出现像偏亲向友、五保的问题、低保的问题，还有在建房过程中可能发生的房屋资金政策落实使用不全面的问题。所以，为了防止出现这些问题，我们要求财政部门严格监管，严格履行招投标程序，严格项目工程质量。项目建完之后，还要建立严格的利益联结机制。"（中共望奎县委书记单伟红）

---

① 《十八大以来重要文献选编》下，中央文献出版社 2018 年版，第 48—49 页。

以 2017 年为例，望奎县根据贫困村项目资金的需求情况谋划了统筹资金的总体思路，共整合财政涉农资金 4039 万元。其中，扶贫办发展资金 2600 万元，少数民族发展资金 1107 万元，以工代赈资金 332 万元。具体来看，饮水安全整合以工代赈资金 332 万元，新建农村饮水工程 3 处；农村道路整合扶贫专项资金 1376 元，新建改造农村道路 34.71 公里；标准化卫生室整合扶贫专项资金 22 万元，新建 3 处卫生室；村级文化广场整合扶贫专项资金 162 万元，新建 8 个文化广场 17500 平方米；环境整治整合扶贫专项资金 121 万元，整合少数民族发展资金 620 万元，用于在三个村改造路边沟、安装太阳能、新建桥梁、新建围墙等；农村危房改造整合扶贫专项资金 119 万元，新建一处幸福大院，解决 34 户住房难题；产业增收整合扶贫专项资金 800 万元，整合少数民族发展资金 487 万元，用于保鲜库项目、牛舍、饲料库、生产车间等。在后期的资金使用方面，望奎县本着"快速启动、精准实施、保证质量、务求实效"的原则，助力全县脱贫开发。

（三）全员参与

习近平总书记在 2015 年指出："调动各方力量，加快全社会参与的大扶贫格局。'人心齐，泰山移。'"[1] 在望奎县各级每个乡镇、每个部门、每个单位，每个有责任、有能力的人都在参加脱贫攻坚的任务。"这次我们脱贫攻坚工作的一大特点就是大力倡导社会扶贫，动员全社会力量参与，对每户贫困户都明确了具体的帮扶责任人。一是干部扶。县处级干部每人帮扶 5 户，正科级干部每人帮扶 3 户，副科级干部每人帮扶 2 户。二是部门帮。全县 117 个县直和中省直部门，

---

[1] 中共中央党史和文献研究院编：《习近平扶贫论述摘编》，中央文献出版社 2018 年版，第 100 页。

采取选派优秀干部任贫困村第一书记、成立驻村工作队等形式因户施策真帮实扶。三是企业助。企业家扶持 260 户，龙头企业种养业订单扶持 7696 户，企业用工扶持 760 户。四是村干部和党员带。剩余的 988 户贫困户由村干部和农村生活富裕党员帮扶。"（中共望奎县委书记单伟红）

2015 年 6 月 18 日，习近平总书记在部分省区市扶贫攻坚与"十三五"时期经济社会发展座谈会上的讲话中提道："要做到每个贫困村都有驻村工作队、每个贫困户都有帮扶责任人"。① 望奎县委办公室在关于精准扶贫工作队和第一书记的人才动员方面出台了相关的文件，例如《驻村工作队及第一书记管理意见》《驻村工作队考核实施细则》等以保障精准扶贫工作的有效实施。

"望奎县区别于其他县的一个亮点是无论是贫困村还是非贫困村，驻村工作队全覆盖。"（中共望奎县委组织部副部长张悦辉）在人员选派方面，全县从 130 个帮扶单位抽调人员，向全县 109 个村各派 1 支驻村工作队，并选派 1 名第一书记。每个驻村工作队一般由 4 人组成，其中队长一名，由帮扶单位确定人选（两个人及以上单位共同帮扶 1 个村的，由帮扶单位协商确定）。

"驻村工作队干部在工作纪律上有要求，是每年必须驻满 240 天，其实这 240 天就是去除公休日和法定节假日之后全年的有效工作时间，全部要花在扶贫工作上。但是我们的每支工作队、每个驻村干部驻村的时间都远远超过 240 天，节假日公休日不休息还驻村，都是奋斗在第一线！"（中共望奎县委组织部副部长张悦辉）

脱贫攻坚可以完全改变一个人的人生观和价值观，同时在脱贫攻坚的整个过程中，干部之间良好的工作关系也可以促进个人思想层面的升华。"我们和县里的、乡镇、村里的书记一起进行了半个月的调

---

① 中共中央党史和文献研究院编：《习近平扶贫论述摘编》，中央文献出版社 2018 年版，第 37 页。

研，逐门逐户地调研村里方方面面的事情。我们天天和书记坐大客车去村里，感受到了和领导还有其他部门人一起工作的那种快乐，一点一点地感受到这种感情。当时白天各种事情，晚上还要填各种报表，身心也是非常疲惫。有一天一个工作人员就和上司抱怨很多报表内容重复，一个事情刚布置完就改，还要得非常急。结果，领导就跟她说了一句话：为了人民，好好工作！当时已经是深夜了，而我听到这句话突然就想，我们做的这些事儿的确就是为了人民，工作的思想境界一下就提上来了，忽然就理解了所有这些工作的意义。这么简单的一次聊天，给了我很大的启发。刚开始的时候，扶贫工作就是感觉'为难'，是政策难以把握的这种感觉。后来，当我们感觉到这一切为了人民的意义，再难也不觉得为难了。"（中共望奎县住建局副局长高然）

望奎县干部积极性的保障离不开当地良好的政治生态环境。这种政治生态环境不仅是领导干部营造的，更是不同层级、不同战线的同事之间协同工作构建起来的。为了能够有效地动员驻村工作队和第一书记，望奎县坚决落实他们所有的相关待遇保障。在驻村工作期间，第一书记和工作队队员的正常职务晋升、调资和职称评定都不受影响；因驻村工作发生的交通费、伙食费由派出单位核销；对作出突出贡献、取得优异成绩的，在评选先进、提拔使用、晋升职级时，同等条件下给予优先考虑。同时，相关单位充分利用电视、报刊、网络、微信等媒体，加大对驻村工作队及第一书记的宣传力度，深入挖掘和广泛宣传驻村工作队和第一书记的好经验好做法和先进典型，营造全社会关心支持驻村扶贫工作的浓厚氛围。

脱贫攻坚战的伟大胜利离不开国家政策、组织和保障机制，贯穿在脱贫攻坚始终的便是人的作用，而与百姓最直接接触的便是第一书记和驻村干部们，接下来第三章将描述第一书记和驻村干部在脱贫攻坚战中的作用机制。

第三章

人力下沉：驻村帮扶

2015 年以来，习近平总书记在多个场合多次强调，扶贫开发，不仅要给钱给物，更要帮助基层组织建个好支部。2015 年底，《中共中央国务院关于打赢脱贫攻坚战的决定》明确把精准扶贫、精准脱贫作为下一阶段脱贫攻坚的基本方略，健全精准扶贫工作机制，概括起来主要为扶持对象精准、项目安排精准、资金使用精准、措施到户精准、因村派人精准、脱贫成效精准。其中最重要的工作机制之一为精准帮扶，即在精准识别的基础之上分析贫困户的致贫原因，根据不同的致贫原因找到相对应的帮扶措施，因户施策，这是新时期精准脱贫的关键。

脱贫攻坚难点在于精准，重点在于可持续脱贫，扶贫与脱贫的基础都离不开一支有能力、有干劲、有恒心、有毅力的驻村帮扶队伍。围绕"六个精准"、"五个一批"，为了加强定点驻村扶贫工作队及工作队员的管理，强化驻村干部政治意识、责任意识、纪律意识，确保履职尽责，发挥作用，打赢脱贫攻坚战，中共黑龙江省委组织部、黑龙江省扶贫开发领导小组办公室于 2017 年 5 月 18 日印发了《黑龙江省定点驻村扶贫工作队及工作队员管理办法》（黑组通字〔2017〕29号），明确关于驻村干部的选派、职责、管理、考核、问责、保障等要求。随后，为切实做好市县两级驻村工作队管理考核工作，绥化市定点驻村扶贫工作办公室研究制定了《关于加强定点驻村扶贫工作队管理考核的实施办法》（绥组发〔2017〕9 号）和《绥化市定点驻村扶贫工作队及队长职责》《绥化市定点驻村扶贫工作队管理制度》《绥化市定点驻村扶贫工作队队员守则》（绥驻办〔2017〕4 号）。

望奎县为深入贯彻落实中央、省市脱贫攻坚的精神和行动，自

2016 年 1 月起，出台了一系列关于定点驻村扶贫工作队和帮扶责任人的政策和规定。精准扶贫政策实施以来，望奎县围绕"因村派人"的精准要求，出台了一系列有关人力下沉的政策。2016 年，望奎县围绕包扶村和帮扶责任人出台了《关于望奎县中省县直部门帮扶村的意见》（望办发〔2016〕3 号）和《望奎县机关、企事业单位干部下基层开展精准扶贫工作实施方案》（望办发〔2016〕4 号），全县共确认 122 个部门参与包扶村工作。每村组建由包扶部门主要领导任组长的包扶领导小组，并确定 1 名干部任包扶村第一书记，围绕扶贫对象精准、措施到户精准、项目安排精准、资金使用精准、因村派人精准、脱贫成效精准"六个精准"的要求全方位开展包扶工作。包扶村和帮扶责任人的政策措施为望奎县的精准脱贫打下了坚实的基础。2017 年，围绕驻村工作队和帮扶责任人望奎县继续出台了一系列管理、激励、保障等方面的政策，从全县 134 个帮扶单位（包括 5 个省直单位，7 个市直单位）中抽调人员，为全县 109 个行政村各派驻 1 支驻村工作队，并选派 1 名第一书记，总计派出 436 名驻村干部帮扶贫困村。同时，组织全县 3023 名党员干部与 9973 名贫困户结成帮扶对子，实现了贫困户结对帮扶工作全覆盖。驻村干部、帮扶干部和村级带头人的"三支队伍"共同组成了望奎县脱贫攻坚的"虎狼之师"，向望奎县的贫困发起总攻，并如期取得了脱贫的巨大成效。

一、驻村帮扶有人选

（一）选好驻村人

"贫困群众是脱贫攻坚的主体，党员干部是脱贫攻坚的决定因素。望奎县脱贫攻坚的最大经验就是人的经验。"（中共望奎县委组

织部副部长张悦辉）

望奎县在脱贫攻坚战中重点抓好驻村工作队的建设。从2016年初开始，望奎县为了打赢脱贫攻坚战，从全县122个县直单位中选派了122名包扶村第一书记，分别派到109个行政村进行帮扶工作，当年扶贫工作的效果突出。2017年5月，为了更好地落实精准扶贫政策和黑龙江省向贫困发起最后总攻的"回头看"政策，望奎县委办公室实行了脱贫攻坚"回头看"工程，重新对贫困人口精准识别。在这个过程中，为了帮助贫困人口的精准识别、精准施策和精准脱贫，望奎县在2016年度《中共望奎县委办公室印发〈关于望奎县中省县直部门帮扶村的意见〉的通知》（望办发〔2016〕3号）和《中共望奎县委办公室、望奎县人民政府办公室关于印发〈望奎县机关、企事业单位干部下基层开展精准扶贫工作实施方案〉的通知》（望办发〔2016〕4号）的基础上，出台了《关于加强精准扶贫驻村工作队及第一书记管理的意见》（望办发〔2017〕13号），加大驻村工作队和第一书记的选派数量，从全县134个帮扶单位（包括5个省直单位，7个市直单位）中抽调436名政治素质好、组织协调能力强、工作作风扎实、熟悉和热爱农村工作的干部，向全县109个行政村各派驻1支驻村工作队、选派1名第一书记，帮助贫困地区做好贫困人口的精准识别和贫困工作的帮扶。

2016年，驻村干部选派工作由中共望奎县委组织部牵头，根据行政村的大小，每个县直单位对口包一到两个村庄，或者一到两个单位包一个村庄，具体到每个单位。刚开始驻村帮扶时，往往是部门班子成员带队，前往包扶村进行驻村帮扶。

2017年6月，为了进一步提高对于驻村扶贫的工作要求，望奎县成立定点驻村扶贫工作管理办公室，并且印发了《关于加强定点驻村扶贫工作队管理考核的实施细则》的通知，以脱贫攻坚工作全面引领县域农村发展工作。在新文件的要求下，望奎县不仅在34个贫困村派驻了驻村工作队，而且全县另外75个非贫困的行政村也派驻了工作队。每个驻村工作队由 4 人组成，原则上由第一书记兼任驻村工作队队长。在驻村时间上，驻村工作队成员全部和原单位脱钩，吃住在村，保证每年在村工作时间不少于 240 天（不包括法定节假日）。在实际的驻村工作中，几乎所有的驻村工作队干部实际驻村时间都远远超过 240 天。"虽然咱们要求是驻村驻满 240 天，这是指工作日。但是咱们周六周日也不休息，有些法定节假日包括五一、十一、中秋节、端午节，自己都不放假。遇到急难的工作任务都不用要求，任务马上就得完成了，你还放什么假，也不想放假。"（中共望奎县委组织部副部长张悦辉）

从 2016 年至今，很多帮扶干部已经驻村 3 年多，也有很多干部完成了一个帮扶工作周期后，依然选择留在村庄继续扶贫工作，帮助村庄发展集体经济和环境卫生整治。提起这几年的工作，他们中的很多人经历了数不清的艰难时刻，有时是为了解决贫困户的各种问题，有时则是为了完成工作而克服家庭的各种难题。2018 年望奎县顺利通过脱贫攻坚的第三方评估后，先锋镇厢白四村的第一书记和驻村工作队回原单位住建局汇报下一步巩固提升工作。"汇报过程中，4 名驻村队员说起这几年的艰难险阻，跟老百姓的鱼水之情时，几个大老爷们呜呜痛哭，止都止不住。驻村几年，他们真心感觉到自己的信仰得到了升华，感觉自己的人生有了价值。"（中共望奎县住建局局长姜春光）

在脱贫攻坚工作中，驻村工作队、第一书记发挥着最基础的作用，可谓"第一书记行，那这个村子就行"。因此，为了选好第一书记，组织部联合各县级部门、乡镇政府，综合考量备选干部的政治素质、工作经历尤其是农村工作经历、工作能力等多方面因素，选派了 436 名干部，分别下派到 109 个行政村担任第一书记和驻村工作队队员。同时，组织部设计了帮扶工作调整机制。如果乡镇政府或村两委认为驻村的第一书记不适应当地的扶贫工作，可以反馈给组织部或帮扶单位，要求重新选派更合适的人选。

望奎县莲花镇党委书记赵恒久曾经因为第一书记人选的问题，和帮扶单位县法院、县委组织部几次"红过脸"、"要过人"。县法院负责包扶2个贫困村，分别隶属于莲花镇和会七镇。2017年，莲花镇厢黄前二村接到县法院派驻的第一位驻村第一书记和2个驻村工作队队员。这3位工作人员一不了解各项扶贫政策，二不适应厢黄前二村扶贫工作的进展，被村党支部书记反映到镇党委。赵恒久书记了解情况后，向县法院和县委组织部提出更换第一书记的要求。2017年底，法院选派了王悦担任厢黄前二村的第一书记。王悦书记到了厢黄前二村，一改之前驻村工作队萎靡不振的风气，带着工作队和村两委搞党建、访贫困，找到了厢黄前二村贫困的根本原因，规划了脱贫的可持续路径，扶贫工作成效突出。2018年，县法院为了改善另一个帮扶贫困村的扶贫工作，把王悦调到了会七镇的贫困村任第一书记，这下可"捅了马蜂窝"。"县法院包扶的另一个乡镇挺弱，把我们的第一书记调那去了。那我们可不干了，我们跟县领导谈，跟组织部门领导谈，希望继续保证我们的扶贫工作，终于在一个月之后又把王悦书记给调回来了。第一书记太重要了，如果第一书记的工作没有力度，这些帮扶人员督导不到位，扶贫工作就开展得不得力，将来就容易出现问题。王悦这样的第一书记作用太大了。他对厢黄前二村几十个贫困户的情况都非常熟悉。你要一问贫困户是啥情况，他基本上能直接给你讲到百分之七八十不带差样儿。有了他在那个村，我们就放心了，也省心多了。"（中共莲花镇党委书记赵恒久）打好脱贫攻坚战，关键是聚焦再聚焦、精准再精准，但这一切的前提都是有了一支脚踏实地、深入群众的驻村工作队和村两委班子组成的"不走的工作队"。有了这支工作队，凡事才有了主心骨，才能在识贫助贫上下功夫，才能扣对第一颗扣子，才能用"绣花"功夫帮扶贫困村的长远发展和贫困户的脱贫①。

① 中共中央党史和文献研究院编：《习近平扶贫论述摘编》，中央文献出版社2018年版，第78页。

　　为了识别贫困户、尽快完成危房改造、让贫困人口喝上干净的饮用水，第一书记和驻村干部往往需要一遍一遍去做他们的思想工作，还要去协调不同部门间的工作。有一些老年人不愿意接受扶贫政策支持的危房改造，在这种时候，驻村工作队和帮扶责任人就得一次一次地去家里了解情况。结果发现，有的老人考虑到自己年纪大了，活不了多少年了，危房改造还需要儿子帮忙出点钱，不愿意给儿子增加负担，所以就不愿意搬出年久失修的茅草危房，不接受危房改造的支持。精准扶贫的要义，就在于"精准"二字，不配合扶贫工作的问题表现可能是相似的，但其背后的原因却五花八门，解决问题的方式也要对症下药。中共望奎县委统战部部长丁君讲述了另一个老年贫困人口不配合危房改造工作的案例。工作队去了几次老人家里了解情况，刚开始两位老人支支吾吾，不愿意说明原因。后来，工作队开始通过邻居侧面打听情况，才了解到这老两口是二婚，结婚十多年了，婚前双方各有子女。他们不接受改造，一是怕盖房子多花钱，二是怕对方子女有意见。丁君说："为了让他们住进安全的房子，我去了十多趟做老两口和他们子女的思想工作。两个老人还不到70岁，身体也硬朗，啥活都能干，最少还能活十几年，怎么能就蹲在这个小黑屋里呢？屋顶的房梁还吱吱地响，不稳当，属于D级危房。现在国家有政策，白给两万八千块钱补贴，让他们盖新房子，不能让他们错过这样的好政策。我们做思想工作，就是一点一点磨，一点一点通，后来这老两口也乐呵呵地同意了盖房子。结果房子盖到一半，老头的儿子得了白血病，要治病，没钱盖房了。我们又帮助他儿子联系医院治病，联系民政局和医保局解决看病报销和困难补助问题。我给他买了五吨水泥，又去村上帮着协调人员，最后驻村工作队和村书记找人帮他们把房子盖起来了。我前几天去看他们，有了新房子，两口子的心情都不一样了，他们还说'新房子好，天天乐乐呵呵的，感谢党，感谢政府'。"（中共望奎县委统战部部长丁君）

　　2019年，为贯彻落实习近平总书记关于贫困县脱贫摘帽后不摘政策、不摘帮扶、不摘监管的要求，进一步抓好驻村帮扶工作，防止驻村干部出现减减压、歇歇脚的想法，望奎县印发了《关于调整望奎县中省县直部门包扶村的意见》（望办发〔2019〕8号）的通知，按照基本稳定的原则，重申驻村帮扶的责任和任务，县脱贫攻坚领导小组将持续加大对部门包村、定点驻村、干部联户工作的组织领导力度和常态化督促检查力度。现在的驻村干部和帮扶干部一方面继续脱贫攻坚，一方面也是朝着打造更好的乡村和小康社会的方向努力，真正做到"群众不脱贫，干部不离村"。

（二）管理与监督

望奎县根据精准扶贫的要求，选择了109支驻村工作队和436名驻村干部，以便更有效地调动各省市县直部门的资源和智慧，打通脱贫的"最后一公里"。望奎县委组织部出台了《关于加强贫困户帮扶责任人管理办法》（望组发〔2017〕8号）、《关于做好脱贫攻坚后续帮扶工作的通知》（望组发〔2017〕20号）、《望奎县驻村扶贫干部激励保障办法（试行）》（望组发〔2017〕13号）等政策，明确驻村工作队、第一书记、帮扶责任人的工作职责和激励保障政策，"把脱贫攻坚作为培养干部的重要渠道，优先选拔有第一书记和驻村工作队成员工作经历的优秀干部，进入乡镇党政领导班子和县直部门领导班子"，解决干部的后顾之忧，建立稳定的驻村干部生活补助和经费保障机制，实行帮扶单位、驻村工作队和帮扶责任人责任落实"三捆绑"机制，切实帮扶贫困村和贫困户找准脱贫路径，选好可持续发展的产业途径，真正实现全面建成小康社会的目标。

为了确保全县定点驻村扶贫工作的扎实开展，2017年6月8日，望奎县成立了定点驻村扶贫工作管理办公室（以下简称"县驻村办"）。县驻村办设在县委组织部，由县委组织部副部长担任办公室主任，同时下设秘书组、综合组、宣传组、指导组和督查组。其中，督查组的人员力量和工作任务最重，设立了 5 个小组分别负责全县 15 个乡镇的定点驻村扶贫工作队的日常管理考察工作。2017 年 6 月 9 日，望奎县驻村办印发《关于加强定点驻村扶贫工作队管理考核的实施细则》（望驻办〔2017〕1 号）的通知，明确驻村工作队以及第一书记的管理办法，同时提出到 2020 年全面建成小康社会前，贫困村、贫困户即使完成脱贫退出工作，驻村工作队也不撤离，继续做好帮扶工作的要求，说明"驻村工作队是在乡镇党委领导下开展定点驻村扶贫工作，与所派驻村级组织是协调指导关系，不参与村级组织财务管理事务，对村级精准扶贫和精准脱贫工作进行指导，对各项扶贫落实进行监督，对扶贫项目落地进行把关"的工作内容。

按照这个实施细则，望奎县驻村扶贫工作队的主要工作职责包括：（1）落实精准扶贫政策。按照中央"六个精准""五个一批"基本要求，针对贫困户具体情况逐一对接政策，积极开展产业扶贫、劳务扶贫、教育扶贫、卫生扶贫、文化扶贫、金融扶贫等工作，真正把各项扶贫政策落实到位，确保贫困群众不愁吃、不愁穿，义务教育、基本医疗和住房安全有保障。同时，全力配合乡村组织按照《望奎县精准识别精准退出工作实施方案》要求，扎实做好精准识别、精准退出工作，确保精准识别率、精准退出率达到 100%。（2）搞好入户走访调查。把做好精准识别、精准退出工作作为定点驻村帮扶的首要任务，每支驻村工作队每年至少走访所驻村所有贫困户 4 遍，在深入宣传讲解扶贫政策的同时，对每个贫困户做到"五清"，即家庭情况清、致贫原因清、收支状况清、脱贫方向清、困难问题清，确保精准识别率、精准退出率达到 100%。（3）制定帮扶工作规划。结合所在村贫困户实际，坚持因地制宜、因村施策，科学制定驻村帮扶工作规划和年度帮扶工作计划，帮助所在村至少发展 1 个主导产业或 1—2 个特色产业、建设 1—2 个基础设施和公益项目，有力推动村级经济健康快速发展、面貌发生明显变化。到 2020 年，贫困村实现"三通三有"，贫困户实现"两不愁三保障"，贫困村和贫困户全部如期脱贫。（4）助推村级发展经济。立足所在村资源禀赋、产业基础和人力资源等方面实际情况，认真帮助调整完善脱贫攻坚思路和措施，引导村干部、能人大户带头发展新型经营主体，促进产业结构调整，大力发展绿色特色产业，搞好农产品线上线下销售，带动贫困户持续增收；积极探索村级集体经济发展路径，有效盘活利用集体资产资源资金，通过入股分红、合作经营等方式促增收，增强贫困村脱贫攻坚自我保障能力。（5）为民办实事解难题。以贫困户为重点，每年至少走访4遍，深入宣传讲解扶贫政策，全面了解掌握贫困户及其家庭成员基本情况，认真倾听贫困群众呼声和诉求，督促帮扶责任人认真落实帮扶措施，切实帮助贫困群众解决一批就医、上学、饮水、住房、就业等民生问题，确保群众满意度达到100%以上。每年每名队员至少帮助贫困户或贫困群众干成1件以上好事实事。（6）健全完善档案卡册。按照《望奎县精准识别精准退出工作实施方案》等文件规定，指导、协助和监督村级组织建立完善村级脱贫攻坚档案和贫困户家庭资料，确保档案填写清晰、准确率达到100%。（7）打造脱贫户示范点。每支驻村工作队至少扶持2户脱贫示范户，帮助制订完善脱贫计划，选准脱贫致富门路，强化帮扶措施落实，领着乡村干部干、做给贫困群众看，影响和带动乡村干部真抓真扶、实干苦干，实实在在地带领贫困户实现脱贫致富。（8）抓党建促脱贫攻坚。驻村工作队队员特别是第一书记要切实履行建强基层党组织职责，协助村党组织抓好班子自身建设，严格落实"三会一课"等组织生活制度，抓好党员发展、教育和管理；指导开展好各类培训，帮助村干部提高综合素质；培养党员致富带头人，充分发挥党员先锋模范作用。做好党员群众教育引导工作，增强脱贫攻坚内生动力。

望奎县围绕驻村帮扶建立了"四项机制"。第一是责任落实机制。紧扣脱贫攻坚的战略目标，望奎县把脱贫攻坚任务落实情况纳入驻村工作队、第一书记、帮扶单位、帮扶责任人的工作实绩考核体系，层层签订脱贫目标责任状，确保每项任务指标都有人抓、有人管、有人负责。第二是监督管理机制。县委组织部成立了驻村工作管理办公室，采取全面监督、随机抽查、夜间暗访、满意度调查等方式，开展常态化监督检查，累计下发情况通报9期。第三是激励约束机制。每年，县委县政府对全县脱贫攻坚工作进行一次全面考核，对干得好的帮扶干部表彰奖励，对工作进展不力的，通报问责，甚至召回重新选派。第四是基层保障机制。县、乡两级政府全面保障驻村工作队的工作经费和后勤保障。

2017年以来，围绕脱贫攻坚工作进展和成效，望奎县委组织部专门成立了三个专项督导组，开展全面督查，包括平时督查、临时督查、专项督察，基本上天天下去督察，每个月都有县处级领导带队下乡镇、下村进行检查暗访和满意度调查。"大概是2017年10月份的一天下午，开完脱贫攻坚的工作会，县领导临时决定带队督查。一共分了5组下乡，都是县领导带队，单伟红书记带一组，马天民书记、组织部长、纪检委主任和督查室主任各带一组，每组检查3个乡镇，总共15个乡镇。会后完成分工，简单吃了晚饭就分别出动。除了督查人员，每个组还有一个记者，随查、随报道驻村扶贫干部的工作情况。离县城近的乡镇，督查工作在夜里12点之前可以完成，远的乡镇，还要更晚一点，抓得确实是紧。要查出来哪个驻村干部没有驻村，大会通报批评。我们的目的，是通过这种督查的工作体制和机制，切实推动和落实驻村工作队工作。"（中共望奎县扶贫办主任张剑）

督查是为了激励广大驻村干部扎实驻村，认真切实地为老百姓想出路、谋发展。围绕脱贫攻坚，组织部和督查室每周会出一期脱贫攻坚简报《脱贫攻坚进行时》，及时宣传脱贫攻坚有效方式，鼓励或推广先进典型，同时说明出现的问题，及时提醒所有干部。每年，望奎县委坚持对驻村工作表现突出的干部进行一次表彰奖励，特别优秀的向省市进行推荐表扬。全县共累计评选县级优秀驻村干部42人，推荐表彰市级优秀驻村干部12人、省级5人。2018年2月，按照《中共望奎县委关于印发〈望奎县 2017 年乡镇领导班子和领导干部工作实绩考核评定办法〉等三个考核办法的通知》（望发〔2017〕3 号）规定，县委决定，授予火箭镇等 8 个乡镇、县委办等 41 个县直部门、电业局等 9 个中省直单位、县医院等 11 个部门所属事业单位、火箭镇厢红二村等 23 个村（社区）党总支"工作实绩突出领导班子"称号，于海涛等 222 名同志"工作实绩突出领导干部"称号，常庚国等 23 名同志"工作实绩突出村（社区）党总支书记"称号，惠七镇等 62 个单位"单项工作标兵单位"称号，水务局等 44 个单位"脱贫攻坚帮扶工作先进单位"称号，李飞等 17 名同志"脱贫攻坚驻村第一书记先进个人"称号。2019 年 1 月，县委决定，授予灯塔镇等 6 个乡镇、县委办等 34 个县直部门、税务局等 8 个中省直单位、县医院等 11 个部门所属事业单位、通江镇正兰头村等 20 个村（社区）党总支"工作实绩突出领导班子"称号，韩景林等 255 名同志"工作实绩突出领导干部"称号，王树海等 20 名同志"工作实绩突出村（社区）党总支书记"称号，惠七镇等 66 个单位"单项工作标兵单位"称号，刘文华等 25 名同志"脱贫攻坚驻村第一书记先进个人"称号。同时，在驻村工作中存在脱岗、空岗、履行职责不到位的，组织部一方面下发情况通报，一方面约谈包村单位领导。近三年来，由县纪委主要领导和组织部分管扶贫工作领导约谈提醒 73 人、处分 12 人。

2019 年，望奎县委组织部制定出台《全县定点驻村扶贫工作量化考核办法》，把考核结果作为评选先进、干部提拔使用的重要依据。同时，望奎县驻村办调整了机构设置和人员配置，从县纪委监委、先锋镇、灯塔镇等单位抽调 7 名干部，专门负责驻村办工作；由原来的 5 个科室转变为综合组和督导组 2 个科室，其中督导组分设 2 个组，分片负责 15 个乡镇的定点驻村帮扶工作队、帮扶责任人的日常监督管理考核工作。习近平总书记在 2015 年中央扶贫开发工作会议上说"要把脱贫攻坚实绩作为选拔任用干部的重要依据，在脱贫攻坚第一线考察识别干部，激励各级干部到脱贫攻坚战场上大显身手"①。自 2017 年打响脱贫攻坚战以来，望奎县共计提拔使用 40 名奋斗在脱贫攻坚第一线的干部。脱贫攻坚不仅锻炼了干部的工作能力，也为干部们在新的历史时期大显身手提供了最广阔的舞台。

二、扎根乡村，深入扶贫第一线

（一）初心换民心，勇闯融入关

"我们只有把双脚踏进泥土里，把农民当兄弟，用脚步丈量村屯，用初心体察民情，用担当为百姓谋福，才能守住初心、不辱使命!"（恭头一村驻村第一书记朱文武）

到了乡村，第一书记和驻村工作队队员面临的第一项任务就是融入村庄，不但要克服自身的身心融入关，更要和村两委"交心"，实实在在走入老百姓的心，帮助贫困人口、贫困村庄脱贫和发展。为了融入乡村，很多年轻的驻村干部第一次学会了在院落中自己种菜，学习农时耕种，克服饮食起居等不便，明白了真扶贫、扶真贫的意义所在，成为了老百姓口中一个个的"常驻大使"。

村支书和村干部可谓乡村的大家长、领头雁，熟悉每家每户的情况，为了走近村两委，打消他们对上面来的干部的刻板印象，驻村干部想了很多办法，利用各种机会，比如通过喝大酒、推心置腹讲利害的方法，让村支书明白驻村工作队是来帮助乡村发展的，是党和国家为了脱贫攻坚和乡村振兴工作派下来的"好亲戚"，是一支想干实事的队伍，让他们打消顾虑，和驻村工作队一起积极合作做好扶贫工

---

① 《十八大以来重要文献选编》下，中央文献出版社 2018 年版，第 47 页。

作。厢白乡前惠五村原驻村第一书记张辉讲道："在跑项目的过程中，一来一回 4 个小时的车程，这就属于我跟老宋书记（村支书）难得相处的私人空间，我给他讲自己参与扶贫工作最初的想法。我跟他说，二哥你得支持我，别看我年轻，但我有过很多工作经历，我能联系的范围很多，也能联系到需要的项目。我的资源是统一战线单位的支持，你的资源是 30 年在农村工作、对农村了解的经验，咱俩的资源结合在一起，就一定能够找到这个最好的种子。二哥，你也是从三十七八岁走过来的，这两年如果不让我做事，把我憋住了，40 岁以后我会后悔的。为了我的人生也好，为了咱们共同做事也好，你支持我，咱们一定可以做好，一定可以把咱村发展好。"为了精准扶贫、精准施策，很多驻村干部一驻村就是两三个月不回家，村支书们真切感受到他们是实实在在地走户、真心实意地为老百姓谋发展，慢慢地也被打动，也越来越主动配合驻村工作队的工作，把第一书记和工作队队员都当成"自己人"，互相配合着对标对表完成脱贫攻坚工作。

驻村扶贫不仅要和村干部"交心"，更要得到老百姓的心。驻村干部通过和老太太拉家常、和妇女跳广场舞、帮助老头看地摊儿等方式初步融入了老百姓，再通过一次次的走访慰问，解决贫困人口的实际困难，获得了老百姓的信任。但在这个过程中，他们也遇到了很多困难。获取老百姓的信任难，保持老百姓的信任更难。为了进入老百姓的心坎，驻村干部不但要经常走家串户，更要时时回访，"投其所好"，打开他们的心扉，不仅是简单的"唠老百姓的嗑"，更要"劈柴劈小头，问路问老头儿，要懂得这个窍门在哪，顺势而为既不回避问题，又不针锋相对，慢慢树立威信"。（恭头一村驻村第一书记朱文武）刚驻村时，第一书记朱文武就遇到了问题。工作队精心做好的政策宣传公示板刚挂出去一周，有的公示板不翼而飞，有的公示板上的人脸被捅了一堆窟窿。更有甚者，还有村民给帮扶责任人发恐吓微信、打恐吓电话，称如果不满足他的要求，就要让责任人付出血的代价。帮扶责任人被吓得不敢登门工作，只好向第一书记求助。想想自己是来扶贫的，想想自己是一名党员，朱文武便担起这个思想工作的责任，独自一人去闹事的村民家中做工作。"我没事一样笑着迎上去，一面亲热地和他打招呼，一面特意主动拿起那把放在显眼处的明晃晃的杀猪刀，在他面前掂了掂，笑中有威地对他说：'老张啊，你看看你，不是我说你，你整天喊杀这杀那的，门上还挂把杀猪刀，谁还敢来帮你呀？我要不是董存瑞部队的侦察兵出身，我都不敢来登你门啦……'对方的嚣张气焰一下子被打压下去，可又不好发火，立刻换上笑脸，口里连称'不是'，气氛一下子缓和下来……话是开心锁，我又乘机站在对方的立场上帮他分析问题，用坦诚的语言和真诚的行动，解开了他心里的疙瘩，使他冰释前嫌，和乡干部握手言和，此后再没有出现不愉快的事情。"

很多老百姓对干部有防备心理，不说实话，为了让老百姓重塑对干部的信任，驻村工作队队员用"不停地走"的方式一遍一遍入户，消解老百姓的疑虑。"脚下沾有多少泥土，心中就沉淀着多少真情"。[①] 2017年8月的一天，晚上7点，火箭镇正兰四村驻村第一书记常建华和几个队员在走家串户宣传扶贫政策的时候，到了贫困户崔江的家中。他们进门时，正赶上崔江老婆犯了羊癫风，浑身抽搐，脸和嘴唇发紫。他们赶紧开着自己的车，帮崔江把他老婆送县医院抢救，并且一直陪护到第二天凌晨，直到她度过危险期才离开。通过这个事，老百姓看到了驻村工作队为老百姓服务的真心与真情。从那以后，正兰四村驻村工作队和村民之间的隔阂慢慢瓦解了。常建华说，做好村里的工作就需要"不断探索最合适的方式，用心去做最需要做的事。我爷爷奶奶早已去世，所以我见到老人就感觉亲近，特别愿意和老年人亲近。很多贫困户常年贫困，心里常常有压

---

① 中共中央党史和文献研究院编：《习近平扶贫论述摘编》，中央文献出版社2018年版，第37页。

抑的感觉，对人有防备，我们就经常去，慢慢地他们就放下了防备心。如果遇到老百姓记性不好，我们就告诉他，不用记住我们是谁，只要记住我们不是坏人就行了。我们经常过去陪他们聊天，他们心里也舒服了，各种相关工作就好开展、好进行。"（火箭镇正兰四村驻村第一书记常建华）

通过这种方式，驻村干部不仅走进了贫困户，也理解了贫困户。"我每天上班都会路过他们那个村，每周的周二和周五，那个村都有小集，都是农户在那卖点东西。有一回过去就看到尹处长（后三乡驻村工作队队员）在一个地摊那边。我问他：'你咋还摆上摊了呢'？他说：'百姓信任我，我就在这坐着，不能动弹，不能给搞丢了。'我心想，尹处长怎么还摆上地摊了呢？原来摆摊的本来是一位老年贫困户，但是他想去看乡里文化广场的活动，正好遇到尹处长在集上，他就请尹处长帮他看摊。他对尹处长说：'我不相信别人，就相信你们驻村工作队，肯定丢不了。'然后尹处长就坐着小板凳，穿着背心，在那实实在在帮农民看摊。"（后三乡党委书记肖淑丽）许许多多的扶贫干部正是从点滴做起，通过自己的实际行动走进了老百姓的内心。很多贫困户提起驻村工作队队员经常用"他对我比我自己对我都好"，"比我儿子都好"等这样的话形容他们。在实地扶贫工作开展的过程中，扶贫干部深入贫困户的生活中，把他们当作自己亲人的例子还有很多。例如，中国农业银行驻后三乡正兰前二村工作队第一书记为贫困户理发，县食品药品监督管理局驻后三乡正兰后三村工作队队员为贫困户维修家具等，拉近了与贫困户的距离。

在扶贫政策宣传工作中，为了让老百姓更好地理解政策，扶贫干部往往是在"唠嗑"的过程中把政策融入进去，通过讲故事的方法让老百姓理解。很多老百姓知晓政策以后，却不懂得及时利用政策。例如在医疗政策的报销中，老百姓开始不理解一站式诊疗，驻村工作队队员就开着自己的车带老百姓去看病，带他们把所有流程走一遍。"很多老百姓对政策思路不了解，你咋说他都不懂，只能手把手教，

带着去到医院全套手续办一趟，他就知道了，下一次就能自己去了。"（莲花镇厢黄后二村原驻村第一书记刘文华）

（二）公心换公信，智闯精准关

精准扶贫政策实施以来，最难的便是精准识别。从 2013 年习近平总书记第一次提出精准识别以来，望奎县经历了三次贫困人口的识别，最近一次的精准识别发端于 2017 年 5 月黑龙江省精准识别"回头看"。从 2017 年 5 月以来，围绕精准扶贫建档立卡工作，望奎县制定了 13 道精准识别的程序，把精准识别扶贫对象作为实施精准扶贫的前提基础，扎实开展"回头看"，逐村逐屯逐户开展精准核查，严把"识贫"和"定贫"两个环节，全力提高精准识别准确率、精准清理准确率和群众满意度，把真贫人口、贫困真因"一个不漏"地找出来，解决好"扶持谁"的问题。

1. 严把宣传发动关。组织乡村干部和帮扶干部逐家逐户发放"脱贫攻坚'回头看'工作宣传单"，采取利用广播喇叭、出动流动宣传车播放"脱贫攻坚'回头看'工作公告"的形式开展巡回宣传，为全县常住户发放了装有"望奎县精准识别贫困户和建档立卡工作宣传单"和"农村贫困户名单"的"望奎县政策宣传资料袋"，群众对政策和工作知晓率达到 100%。针对人为拆户并户的问题，有组织地宣传了《中华人民共和国老年人权益保障法》，集聚脱贫攻坚工作正能量。实现贫困户对贫困标准、脱贫举措、收入情况、退出标准等情况"一口清"，帮扶干部对帮扶贫困户基本信息、脱贫产业、收入情况、退出时间等情况"一口清"，村干部对全村脱贫攻坚情况"一口清"，一般农户对脱贫攻坚相关政策"一口清"。

2. 严把户口调查关。逐家逐户精准核实户籍人口与常住人口，梳理各村人口清单，做到贫困人口进出有据，为精准识别奠定了坚实基础。

3. 严把标准审定关。综合考虑"两不愁三保障"标准，坚持与新农合、教育、住建、民政等部门数据衔接，坚持建档立卡贫困户必访、脱贫退出贫困户必访、有意见户必访、收入困难户必访、低保（五保、残疾人）户必访，逐家逐户精准核实医疗支出、教育支出情况、住房情况以及低保、五保政策享受情况，建立全村医疗支出、教育支出、住房支出以及低保、五保政策享受情况台账，实现贫困村和非贫困村、贫困户和非贫困户全覆盖，真正做到扶贫对象不漏一户、不漏一人，将家庭人均收入低于国家贫困标准线和自身无能力保障医疗支出、教育支出、房改支出的纳入管理。针对入户核查的具体问题，在严格执行上级政策和征求县扶贫开发领导小组办公室解答的前提下，先行召开村民代表大会作出上级政策解释，把决定权交给群众，统一标准后再相继召开村民小组会和村民代表大会评议。例如，后三乡厢白十三村原建档立卡贫困户王涛身患尿毒症，每周需到县中医院做两到三次透析。为了方便到医院做透析，王涛花 3000 元买了一台有注册车辆牌照的二手 QQ 汽车，成为"有车户"，按原则不可以列入建档立卡贫困户了，但他又确实贫困。在"八项筛查"时，扶贫干部在解释上级政策的基础上，经过村民代表大会评议，未对王涛做简单化绝对化清退，仍然保留为贫困户。通过采取一系列务实管用的措施，有效解决了政策执行失偏、失准、失衡的问题，切实做到了不错一户、不漏一人。

4. 严把程序履行关。严格执行"十三步工作法"：一是宣传发动。乡政府组织村干部与驻村工作队成员，入户宣传精准识别政策。二是农户申请。农户本人填写《贫困户申请书》，自愿申请参选贫困户。三是入户调查。乡政府组织乡村干部，对提出申请的农户逐户进行调查摸底，了解农户是否符合贫困标准，填写《居民生产生活情况调查表》，初步核查出符合贫困标准的农户。四是村组评议。村民小组组长召集组内全体村民代表、入户调查工作人员，召开村民小组评议会对初步核查出符合贫困标准的农户逐户进行评议，所有参会人员要在会议记录上签字。五是民主评议。村党总支书记召集驻村第一书记、驻村工作队成员、全体村民代表、入户调查工作人员及各村民小组组长召开村民代表大会，听取各村民小组的评议情况，由参会人员对评议对象逐户进行民主评议并投票表决，公选产生贫困户初选名单，所有参会人员要在会议记录上签字。六是村级公示。初选名单由村委会和驻村工作队核实后，在村公示栏和超市等人员密集处进行公示。经公示无异议后，将公示结果以报告形式报乡政府审核确认。七是数据比对。八是乡级审核。乡政府组织包村干部、驻村工作队成员和帮扶干部，对拟定的贫困户进行全面审核，同时详细填写审核记录。九是乡级公示。经全面审核无异议后，将拟定的贫困户名单在各行政村进行公示。十是县级复审。十一是县级公告。经乡级公示无异议后，以乡镇为单位将拟定贫困户名单以文件形式报县扶贫办备案，经县扶贫办汇总后在全县范围内公告。十二是信息采集。贫困户被确定后，帮扶部门要安排帮扶责任人与贫困户结对，开展帮扶工作，并由驻村工作队组织帮扶责任人入户填写《贫困户信息采集表》和《扶贫手册》，建立相关档案。十三是数据录入。将翔实准确的信息录入全国扶贫开发系统，确保规范运行、依次推进，确保贫困户进退程序规范，群众全过程参与、进退结果群众清楚、进退结果群众认同。

在精准识别的过程中，难点不在于因病致贫户或者残疾户，而在于边缘户。为了让老百姓舒心、顺心，在精准识别过程中，第一书记和工作队队员们不停地入户走访，逐个摸排，根据户型，按照"两不愁三保障"的标准进行审核认定。有些可以通过讲解国家政策、标准来解决。一些年龄偏大、受教育程度低、沟通有障碍的人较难沟通，甚至更严重的，有些人和别人比较，不熟悉情况，更难解释清楚，需要反复多次做工作。"入户的时候，只要村干部在身边，更容易了解到真实的情况。老百姓最怕干部把他家的情况如实报告给上级。例如，我们在走家入户调查产业等情况时，我问一个农民，家庭人均种多少地，他说5亩地。我又问了家里几口人，他说3口人。那么，全家就是种15亩地。等我和屯长再次入户调查的时候，我又问他们家多少地，这位大哥就不吱声了。屯长说：'你说你们家100多亩地不就完事了嘛？谁谁谁出去打工，他们家的地不都被你租去了嘛。'你看，我去问就15亩，租的地就不说。类似的情况经常出现，所以我们的调查都是三番五次，一次搞不清楚，两次三次的情况数不胜数。最多的时候，可能要入户二三十次才能精准识别。"（厢白乡党委书记朱子军）

同时，很多第一书记有着丰富的农村工作经验，运用各种土方法和村干部、老百姓"斗智斗勇"。"我一直是做低保工作的，对农村情况熟悉。所以，驻村不几天我们就熟了，他们其实说啥，包括老百姓整啥，我都清楚。我就问那些岁数大的老太太，她们善良，一唠有啥说啥。通过她们，我知道了很多村里的情况。你一入新的环境，肯定得多方面了解了解。遇事不能只听当事人说，有时候旁观者是更好的信息渠道。而且，一看人善良，非常和蔼，一瞅有那个真正农民气息的，说的就都是实话。到村没几天，我就知道村里有13户是真贫困的。等村里搞村民代表大会评选贫困户的时候，这13户都没有进来。等大会评完了，我说我提几户，大家看看是不是贫困户。就这样，我把这13户提了出来，大会代表没有一个人有不同意见。村干部也知道我是下了功夫做了调查，也不敢再糊弄事儿了。"（莲花镇厢黄后二村原驻村第一书记刘文华）

就这样，运用各种"明察暗访"的土方法，望奎县109个贫困村评选出了真正贫困的家庭，为下一步的精准施策打下了坚实的基础。

（三）精心换发展，硬闯脱贫关

在脱贫攻坚战中，不仅要做到脱贫，还要做好可持续的乡村产业发展。乡村只有有了长久安身立命的产业发展，才能保证村庄不返贫，才能从根本上持续调动、激发群众的内生动力。围绕壮大村集体经济，发展村级产业，望奎县委出台了《望奎县发展壮大村级集体经济三年规划（2018—2020）》，积极探索发展新型农业经营主体，依靠龙头企业带动，用好涉农惠农政策，抓好招商引资，强化"三资"管理，挖掘域外能人等增收路径，涌现出了以莲花镇厢黄后三村为代表的利用政策资金型，以后三乡正兰后三村为代表的创办合作经济组织型，以厢白乡前惠五村为代表的发展实体经济型等各类典型村 16 个。同时，望奎县为了减少村集体负债，帮助村集体轻装上阵，深入开展了以清理纠正合同、化解债务及新增资产资源收费为主要内容的"清化收"专项行动，实现村级收入 1312 万元。贫困村入驻的第一书记和驻村工作队，也把省市县部门资源带入乡村，不仅通过入户走访因户施策，更是通过壮大村集体经济，盘活村庄发展的前景。

如果说精准识别是扶贫工作的"根"，扶贫产业就是活"根"的泉水，有了泉水的浇灌，"根"上才能够长好、开花、结果。但是，如何让"根"更深地扎进土壤并开花结果，是一件非常困难的事情。在这个过程中，乡镇领导、帮扶干部和村两委绞尽脑汁，发挥个人能动性，利用各种资源、信息、人脉为包扶村谋发展、找出路。

在厢白乡政府带领下，前惠五村紧紧抓住了产业发展这一举措，努力通过扶贫产业拓宽农民增收渠道，有效增加农民收入。首先，是要寻找能够开花结果的"种子"，即产业项目。前惠五村产业项目的落实和发展离不开一个好的领导班子，离不开乡镇干部的支持，更离不开前驻村第一书记及驻村工作队的努力。2017 年 5 月，第一书记张辉及 2 名驻村工作队队员来到前惠五村，乡党委书记对他们的第一印象是"这三十多岁的年轻人，看农家啥都稀奇，对农村啥也不了解，这能干啥？给他们吃好喝好就行了"。但是张辉认为，"既然来到这个村，就不能把青春白白地浪费在这里，必须要为村庄做出一些事来"。为此，在张辉的带领下，驻村工作队开始探索适合村庄发展的方向。从起初考虑销售农副产品，但条件不具备，后来又考虑养猪，但风险大、市场行情不好，最后，他们看中市场价格稳定的养牛产业。驻村工作队及乡镇干部多次联系相关方面的专家，为前惠五村发展养牛产业项目进行评估，并专门开车去其他地区实地考察养牛产业。粗略统计，张辉书记一年行车的公里数就达到了5万。项目开展初期，张辉曾多次放弃休假和与家人团聚的机会，努力奋斗在产业发展的"第一线"。张辉这样形象地形容产业扶贫工作："落户一个扶贫产业项目，就像孕育一个孩子，生出来容易，最难的是养大。"为了保障养牛产业顺利启动，张辉及驻村工作队队员晚上抱着被褥在养殖场安营扎寨，看护母牛生牛犊，为产业发展付出了不少心血。

作为处在黑土地上的村庄，前惠五村其实并不是没有可利用的资源，只是需要从根本上开发思想、转变观念、开拓渠道。在驻村工作队和乡镇干部的带领下，前惠五村充分利用自身的资源优势引进了多项产业发展项目，包括大鹅养殖、肉牛养殖、豆油加工、食品加工等项目。首先，养鹅和养牛在当地不是一个新的产业，几乎每一户农户都可以养鹅、养牛，但养殖数量小、不成规模。因此，养鹅和养牛项目的发展可以帮助农户代养，形成村集体规模产业。其次，前惠五村豆油加工产业的发展是基于农民长期种植大豆的传统，豆油加工厂收购的原料来自本村及周边村庄的农户，农户大豆的顺利销售又可以直接增加农民的收入，实际上形成了一种长效的"循环经济"。另外，食品加工厂的原料不仅使用农民生产的农产品，更能够吸收村庄内部及村庄周围的妇女劳动力就业，产生了扶贫的多重成效。

扶贫产业落地以来，前惠五村的村集体经济实力不断增强，离不开省委统战部驻村工作队的帮扶，但更需要建立可持续的产业发展机制。厢白乡党委书记提道，"省委统战部驻村工作队的帮扶给我们树立了一个很好的榜样，但是扶贫攻坚归根结底是我们自己的事"。前惠五村如何在已有成果的基础上取得长足的进步，是未来发展中需要考虑的重要问题。目前，扶贫产业的发展已经为前惠五村乡村振兴的发展奠定了较好的经济基础，助推了乡村振兴发展的起步。俗话说，"穷掌柜过不了好日子"，只有村集体经济实力壮大了，村庄公益事业才能在更大范围内扩展，才能够实现统筹兼顾的发展。

驻村干部最重要的任务就是帮助贫困户脱贫，帮助他们找到可持续稳定脱贫的路径。驻村工作队运用自己的智慧和部门的资源，为包扶村想门路，在这个过程中，不仅是选好在短时间内帮助村集体和贫困户增收的产业项目，更重要的是考虑到村庄实际情况，为他们选好可以长久切实可行的发展项目。莲花镇厢黄后二村的原驻村第一书记刘文华和工作队就为了帮助贫困户脱贫和村庄的产业发展想尽了办法。起初，他们先帮助较为年轻的、有劳动能力的贫困户打通就业信息壁垒，帮助他们就业。后来，为了村庄整体发展，他们和村两委一起谋划产业发展。看到隔壁厢黄后一村的木耳产业发达，驻村工作队赶紧和他们联系去考察，发现木耳产业的发展前景良好。本村的老百姓也想跟着他们做，但刘文华和其他队员商量后，又多次去其他发展木耳产业的村庄走访和考察，发现本村没有发展木耳产业的基础。"我知道木耳产业挣钱，但一村的产业发展有基础，第一他们是野生木耳，原材料不花钱，第二他们有稳定的市场销售渠道，第三他们有自己的技术人员。咱们村年轻人都出去打工了，木耳产业发展有技术要求，老年人无论是体力还是知识都跟不上。虽然老百姓不懂技术可以现学，但这块产业的风险还是挺大的。这个东西技术含量挺高，村上没有钱，又只能走贷款。咱们一点天时地利都没有，很容易折进去，赔几十万，我都没法跟老百姓交代。"（莲花镇厢黄后二村原驻村第一书记刘文华）后来通过多次入户了解每家每户的现实情况和村集体的基本情况，他们确定了立足本村实际，在巩固本村玉米、黄豆种植的优势上，和葵花药业签订合同，种植板蓝根等中草药。种植一亩地的板蓝根比种玉米多收入 200 元，但是刘文华他们通过近两年的观察，发现"板蓝根对农药特别敏感。你这边地种的板蓝根，那边地种苞米，只要苞米打药，板蓝根肯定减产。虽然说它确实比苞米强，多收 200 多块钱，但增收效果不是很明显。本村种地的基本上都是老年人，种中药材那么费人力物力精力，一亩地才多挣 200 块钱，对于老百姓来说实际上划不来。有的老百姓想要再做，我觉得这不能再发展。"正是这样一批敢对老百姓"说不"、把老百姓当作自己亲人的驻村干部，才避免了老百姓在缺乏市场信息和长远利益考量的时候帮助他们把关，保证他们的收入稳定。

（四）聚人心谋幸福，村级环境整治

脱贫攻坚的可持续之路在于激发贫困群众的内生动力，激发内生动力的第一步就是聚拢人心。如果帮扶干部只单纯给贫困户讲大道理，效果往往不佳，这个时候，一些实实在在的行动、看得到的变化，就会在动员贫困人口去工作中发挥极大作用。例如，后三乡厢白七村通过村庄环境卫生整治调动起了贫困群众的积极性。在与村干部的访谈过程中得知，厢白七村有很多人是外出打工的，那么如何保持村庄卫生呢？村党支部书记有话说："开始的时候，好多人家房子没有人住了，想分户负责搞村里的卫生也比较难。村干部就坐在一起研究该怎么办，后来讨论的过程中发现，即便一家人都外出打工了、房子空着没人住，但这家的菜园子没有荒废，有人在种。谁在种呢？一般就是邻居、亲属之类的。根据这一点，我们就发布了一条不成文的规定，各家负责清理自家房子的房前屋后，家里没人的，谁种他家菜园就得负责清理他家的房前屋后……开始的时候，老百姓也是不愿意打扫。村干部一方面继续动员，另一方面带头做好自家的打扫工作，有时候帮着邻居做。慢慢做起来，村里环境干净了，老百姓开始习惯干净的环境了，就不需要监督，都会自行打扫。"就这样，厢白七村的村干部就采取了以身作则、打感情牌的办法聚拢人心，从而让大家积极参与村庄环境整治。最初村干部带头收拾，老百姓不干，那村干部就收拾到老百姓的家门口，"帮他收拾一次，他好意思，你天天去他家门口收拾，他就不好意思了，也就慢慢开始自己收拾了……"老百姓的行为改变是很难的，但一旦发生了改变，慢慢地就养成了打扫卫生、保持整洁环境的习惯。

村庄环境卫生治理，不仅从表面上提升了村庄的整洁度、村民的幸福感，也从深层次上提升了干部的治理能力、融洽了干群关系。村书记说："村民实质上是越和他相处，越会听你的，因为感情越来越好，也就是越管越听话、越不管越像一盘散沙。"而感情牌的使用，则是乡村治理中非常重要、有效的手段。村书记提道："现在要求的是服务型的干部，这样才能打好群众基础。我们村的群众基础就比较好了，他们家门前的环境他自己不收拾，就我们收拾。人得动，靠友情、靠亲情，多帮助老百姓，老百姓才会积极回应你。例如，人家孩子结婚，我有车，就给他们接亲；人家需要用钱，那我就帮助借借钱；人家孩子考学了，找学校或者考不上要去当兵，那么就鼓励鼓励；人家想做买卖，就给人家提提建议或意见。农村人，生老病死的，都讲个入土为安，帮人家跑前跑后地忙活儿忙活儿，老百姓觉得欠人情。现在根本就没有什么措施去'控制'老百姓，就只能靠人情了。自然，想要治理得好，村干部做事就得公平。处事越公平、村庄管理得就会越好。"

在美化乡村环境的过程中，村民与村干部之间形成了良好、有效的互动，也慢慢地促生了《后三乡厢白七村村规民约》的形成，覆盖乡村社会生活的方方面面。例如，在村庄入口处，行人能够明显地看到展示牌上的相关村风民俗规定："积极开展美丽乡村建设，加强环境整治，对生产生活垃圾进行分类处理，做到柴草垛不进屯，秋收玉米不进屯；畜禽不上道，生产生活垃圾杂物不上道；确保农户门前的绿化树木和花卉成活；柴草、粪土应离村200米堆放"；"建房应服从村庄建设规划，未经村委会和上级有关部门批准，不得擅自动工，不得违反规划或损害四邻利益"；"服从上级各项工作检查及积极参加村委会组织的各类集体活动（全体村民大会、集体劳动、动物防疫等）"；等等。村干部在访谈中多次强调，"现在脱贫方面已经没有压力了，以后的工作重点就是如何保证贫困户不返贫、保证他们增收，以及维护好良好的干群关系，给老百姓创造一个舒心的生活环境"，从另一个角度而言，基层干部朴实的想法与做法，正是为乡村治理作贡献、为乡村振兴作准备。

（五）信心助党建，打造一支"不走的工作队"

精准扶贫以来，驻村工作队的一项重要职责就是抓党建、促脱贫攻坚，要切实履行基层党组织职责，协助村党组织抓好班子自身建设，严格落实"三会一课"等组织生活制度，抓好党员发展、教育和管理；指导开展好各类培训，帮助村干部提高综合素质；培养党员致富带头人，充分发挥党员先锋模范作用。做好党员群众教育引导工作，增强脱贫攻坚内生动力。很多村庄长期以来软弱涣散，老百姓常常不知党员是谁，也不知道党员应该发挥什么作用。自从驻村工作队来了以后，驻村干部作为外界力量，积极促使村庄的党员行动起来，竖起了一面面为人民服务的旗帜。

例如，绥化市市场监督管理局驻望奎县海丰镇恭头一村扶贫工作队因地制宜地运用村庄大喇叭、微信群为全村百姓上起了党课——通过两年来的驻村帮扶工作，感到驻村扶贫工作"难"在改造人的思想；"贵"在让百姓信服；"牛"在引来的产业项目可持续发展；"实"在不看广告见疗效，做到脱真贫、真脱贫；"果"在取得百姓真心爱戴，使党获得民心所向。

望奎县海丰镇恭头一村扶贫工作报告

一、背景

我驻村工作队所驻望奎县海丰镇恭头一村，是省级革命老区，与绥化城区直线距离24公里，隔河相望，但却要绕行70公里才能到达，交通闭塞，年轻人外流严重，村内人才缺乏，村集体没有产业项目，账上没有资金只有欠款，开展各项工作难上加难。所谓人穷志短，村民告状成风，两委班子心劲不齐，党员骨干作用不明显，个别骨干作风不良，党员干部在村民中没有威信，民告官现象严重，整体呈现软弱涣散的不良局面，消除贫困、实现乡村振兴尚待时日。

二、主要做法

要想改变环境，首先要改造人的思想；要想群众有干劲，必须党员干部一口气。我们清楚地认识到，人是最主要的因素，解决人的问题就要从改造人的思想入手，发挥好基层党建工作"教导队"的引带作用，从上好党课、搞好扶贫扶志教育开始。于是我们工作队到任后，就把党建工作视为各项工作的基础和首位，注重发挥人的主观能动性，推动各项工作攻坚克难。上任第一天起，第一书记就把党建工作提上重要日程，督促检查村党总支党建工作落实情况，从坚持落实"三会一课"制度为抓手，以局、村开好联席党小组会议为引领，认真抓好基层党组织建设，改造党员干部的三观。

1. 针对本村党风不正，干部模范作用不强，党员干部与普通群众争利益现象严重、干群关系紧张的实际，有指向性地认真编写、宣讲了第一堂党课：《党员要有感恩、包容、责己三个情怀》，做到对症下药，从根上医治。

一是用生动朴实的语言，以古论今，讲明"人不感恩如树无根"的道理，强调感恩是中华民族的传统美德，但随着社会经济发展，一些人经济利益观念膨胀，一些党员身居要职却不知感恩党的培养，做事自以为是，不以党的事业为重，不懂回报社会和急百姓之苦，淡漠了感恩情怀，如今我们重提这美德，也是在呼唤人性与良知的回归。学会感恩，是我们党员和普通百姓在人生成长过程中都必须上好的一课。

二是详解了"人不包容，是非无穷"的道理，强调了"没有包容情怀的人，是很难作为朋友的"。中国共产党是中国工人阶级的先锋队，同时是中国人民和中华民族的先锋队，是中国特色社会主义事业的领导核心，代表中国先进生产力的发展要求，代表中国先进文化的前进方向，代表中国最广大人民的根本利益。可见，我们每一名党员，都是特殊材料制成的，这就决定着我们不能混同于一般群众，群众可以犯的错误，我们党员就不能犯。党员的标准决定着我们不能与群众争利益，不能与群众计较上下、得失。党员要有胆有识有肚量，做到能容群众难容之事！要认识到宽容是一种美德，包容是一种胸怀，宽容了别人，就等于善待了自己，它能使自己的生活变得轻松、快乐。引导大家认识到你最该忘记的是你曾帮助的人，最应该原谅的是曾经伤害过你的人；最该放弃的是功过是非、名利得失，最该学会的是宽容别人。在这人生的道路上，我们也许会遇到许多的误解和不快，这时候要学会宽容。宽容是一种修养，是一种境界，是一种美德。面对误会、非难和辱骂，最忌讳的做法是勃然大怒、回骂一通，其结果只会让糟糕的事情更加糟糕。要让不愉快的事情自然平息，最好的办法是一笑了之。一个心怀目标的人，不会去考虑别人多余的想法，而是有风度、有气概地接受一切非难与嘲笑。大千世界，日月轮回，时过境迁，人心思变，所以，于己要多自责，责自己无知无识；对他人，要多欣赏，赏他人有高有低。人生有了这种宽容的气度，才能安然走过四季，才能闲庭信步、笑看花落花开。让大家认识到生活是需要睿智的。如果你不够睿智，那至少可以豁达。以乐观、豁达、体谅的心态看问题，就会看到事物美好的一面；以悲观、狭隘、苛刻的心态去看问题，你会觉得世界一片灰暗。我们党员，就是要多看群众长处，多听群众疾苦，多办群众所需之事，眼里容得下百姓，百姓眼里才有你这个领导，才能在群众中树立领导威信，顺利地领导群众干好本职工作。

三是讲明为什么党员要有责己情怀。党的十九大报告指出，党是领导一切的，中国特色社会主义最本质的特征是坚持中国共产党的领导。党员多是工作中的领导，作为领导者，就要有坚定的是非观念，就要坚持正确的人生观、世界观、价值观和方法论。党组织要按制度定期召开党支部、党小组会议和党员组织生活会，要经常通过自查、帮查、点查不良作风十种表现，即僵、庸、懒、推、拖、散、浮、私、软、粗，倡导"工匠精神"和精细化工作态度，要善于在精细中出彩。工作和生活中，党员要用责备别人的态度责备自己，要用原谅自己的态度原谅别人。这是一种境界，一种情怀，一种豁达。律己宽人是中华民族传统美德之一，是一个人具有很高素养的标志。人们常说"天时地利人和""人和万事兴"，人与人之间发生矛盾，产生分歧，如是各自都能以"责己情怀"处事，就能化隔阂为理解，化矛盾为友谊，事业就会兴旺发达。人生肯定会遇到顺心的、不顺心的人和事。如有"责己情怀"，则当发现他人出现差错时，就能以一种诚恳、真实、宽容的心去劝告、指正他人，当事人一定会感激不尽的。相反，若发现他人出现问题时，以指桑骂槐、横加指责的态度教训他人，我想一定不会有好的结果。俗话说，"金无足赤，人无完人"，任何人出现差错时，切不能推卸责任，应勇于承担责任；应诚恳接受他人批评、指正，知错即改，仍不失为一个好同志。一个党员无论在工作中还是生活中，不能只知道责备别人，总在那里找别人的不是，而应该多看看自己身上的缺陷，多在自己身上找问题，切不能掩盖自己的不足，那才是正确的反省自己的方法。要把眼光放远一点、放宽一点。任何时候都要明白，好多人都比我强，好多的事情我们都应该审视自己，应该相信别人。相信别人，给别人以空间、以信任，到头来就是帮助了自己。强调我们每名党员都要通过"责己情怀"，做到扬长克短、扬长补短，这样才能保持正确的领导艺术和领导方向，才能推动党的事业健康发展，促进中国梦早日实现！近说眼前，我们全村共产党员就要心怀"三个情怀"，多关注身边的贫困户中药材种植情况，力所能及地关心和帮助身边贫困群众的生产生活，关键时刻伸出手帮一把！同时，要关注恭头一村中药材科研和种苗繁育基地建设，助力工作队实施好药园子工程，将恭头一村尽早建设成为美丽乡村，实现习近平总书记提出的乡村振兴战略、健康中国战略，振兴北方道地药材产业发展，促进全村农民稳定增收致富，更好地报党恩、报民恩，更好地造福人民、造福社会！

2. 针对本村产业发展需求和春忙时节党员难以聚会的实际，连续用村广播、车载广播、党员微信群、小型集会，以及到田间地头休息聊天等多种形式，连续上了《党员要做致富带头人》《党员要做生产生活中的表率》《总书记深情问东北》《纪念改革开放四十周年》等系列党课，层层递进，步步为营，从思想上使党员入脑入心。每场党课45分钟左右，轮回讲了几十场，听众多则百人，少则一人，让农忙时节分散的党员群众都能收听到党总支的正能量、最强音，在不耽误农时的情况下也提高了授课率。第一书记还出资1000多元，租大客车组织全村党员和中药材种植大户去外市的药材基地参观学习，并把《党员要做致富带头人》的党课上到大客车上。由于把理论和乡村工作实际相结合，把《资本论》的抽象价值观和种药材增收原理相结合，做到通俗易懂，使马克思主义大众化，既达到了教育党员的目的，又起到了引导群众的效果，从党员群众反馈的信息看，普遍受到村民好评，村民对工作队的评价是："工作队做得硬实，说得让人信服"。

三、取得成效

支配人行动的是思想！通过一段时间的连续思想教育，加上工作队率先垂范，言行一致，让人信服，所以党课和每天早上工作队的《春之声》扶贫励志广播教育效果明显，全村风气有明显好转，以往干活不靠前的党员都出场了，一些爱说怪话的人说有用的话了，一些爱闹事的人不闹事了，一些开口就骂人、好吵架的干部也知道用文明语言、控制自己不良情绪了……一些村民见人就说："别说发不发家，就是总听工作队的广播，用不上一年时间村里的风气都能好起来，孩子们从小听这广播，家长教育都省不少心啊！"邻村的干部遇见工作队就说："我们村都能听到你讲课，讲得真挺好，实实在在，真是那么回事，广播一响都站在大街上听，有空来我们村讲讲呗……"

一名外出打工的年轻党员付德强在党员微信群里听了一年、观察一年后，在群里发出肺腑之言，他说道（原文摘录）："在当今的社会，勤劳的双脚永远也追不上智慧的大脑。人要与时俱进，紧跟着党和国家的路线方针政策，才能发家致富，我虽然不在家，但是我在群里也看到了朱书记他们扶贫工作组为我们恭头一村的百姓付出了很多，放弃了城里优越的生活，来到了我们农村辛苦地工作，扶贫工作组就是来带领我们百姓发家致富的，我们一定要支持他们的工作，特别是党员一定要做好先锋模范作用，种植经济作物才能让我们摆脱贫困，我个人认为我们作为一名党员一定要大力支持扶贫工作组的工作。"

总之，通过两年来的广播宣传、党课教育和组织生活，使本村的党员干部形象有明显改观，主动冲在抗洪一线的党员多了，夜里巡查禁烧工作的干部不发牢骚了，加班加点工作不谈代价的干部多了，村委会里再听不到成天大吵大闹了，张嘴就骂人、伸手就打架的事几乎不见了。这不能不说跟我们工作队到来后发挥的正能量和影响有关，也是看不见的实果。在上级考核中，本村干部群众对我们工作队的工作也给予了很高的评价（考核组的评价是"群众对你们的工作高度认可"），为党的良好形象增添了一份光彩，为民心所向作出了一分贡献。

四、几点启示

通过两年来的驻村工作生活，我们时刻生活在农民身旁，一分收获，一分体会，一分进步！综合分析，总结了以下几点工作体会和启示：

一是正人先正己。要让别人信服的道理，自己首先得坚信。人前人后言行要一致，不可台上一套台下一套，只有行为上感化才有语言上的说服效果。

二是大道理要结合小道理讲，打比方比作诗谈词更有效果。

三是要用农民的语言和农民沟通，但要去粗取精，去伪存真，不受污染。

四是广播受众面广，个别谈心影响度深。深度和宽度要有机结合更好。

五是现代媒体手段要合理利用好，如建立党员微信群，可超时空聚会开网络会议，录音党课可全文转发、传播，扩散效果好，学习备查功能强大，可搞学习，可组织考核问答，形式多样，年轻党员群众容易接受。

六是村广播声音传得面广，但车载台声音听得清。晚上广播时间不宜长（室外有蚊子叮咬很难长时间听，可能听不全），早上广播不宜太早（影响学生睡眠），早上5点半到6点广播声音传得最清最远（时段最适宜），重要的事要重复讲（听得清听得全），冬季用村大喇叭广播不如车载台走街串巷效果好（门窗封闭听不见，车载台穿透力强，走得近，能听得清）。

七是在基层听到不明真相的人埋怨、辱骂也很正常，不要急于辩解，即使他骂我，我也不能回骂（这都亲身经历过了，眼泪都气出来了，还得笑语相迎，最终感化了对方，解决了问题）。

总之，因地制宜、实事求是地讲好党课，搞好扶贫扶志教育，对发挥党员骨干主观能动性大有益处。通过改造农民党员和干部群众的三观，我们自身的思想境界也得到了升华，对全力完成好驻村脱贫攻坚任务，更加坚定了信心和决心，好的做法值得我们继续坚持和发扬！

通过每日不间断地上党课，为老百姓播报国家关于扶贫、农村的政策，不仅使得驻村工作队获得了老百姓的信任，更鼓舞了广大村干部和党员，让大家树立了党员自豪感和责任感，打造了一支"不走的工作队"。

三、"好亲戚" 助力精准帮扶

在干部帮扶贫困户方面，从 2016 年开始，望奎县共组织全县 3023 名党员干部与 9973 户贫困户结成帮扶对子，实现了贫困户结对帮扶工作全覆盖，要求帮扶责任人每周至少与贫困户联系走访 1 次，力所能及帮助贫困户解决实际困难。在实际的工作中，帮扶责任人不仅把帮扶贫困户当作任务，更是把结对贫困户当作自己的亲人。

刚开始结对帮扶的时候，许多年轻的干部从来没有想过还有这么贫困的家庭。"就没办法进门，真的是太贫困了，都不敢想象。家里四个角，三个角都用木头撑着，后墙烂了一个大窟窿，屋顶还漏水，他们就用油布盖上，凑合着住。聂希昌大哥走道儿都是飞机起飞式。在我没有去过他们家之前，我不能想象，这大哥连一双袜子都没有，衣服穿得"打铁"了，脏得锃亮的那种。而且还没有鞋，他也出不去屋，也没必要。我找他后爸要了一根绳子给他量尺寸。我说大哥，你想穿啥鞋子吧，穿啥合脚吧。他说我要一双布鞋。他的脚是黑色的，不能想象，脚趾甲特别长，全是泥，估计几年没剪了。量完以后，我回县城和爱人一起去老北京布鞋给他买了一双鞋，花了一百多

块钱。"（海丰镇恭头二村帮扶干部于洪双）

帮扶干部于洪臣在后三乡前十三村包了 5 户贫困户。为了帮助这 5 户老人脱贫，他从打扫卫生做起，隔一天去一次，帮助他们清理房前屋后，陪着唠嗑，经常在贫困户家一坐就是一天，慢慢地消除了这些人心里对他的戒备与隔阂，形成了亲人一般的关系。现在，5 个贫困户都脱贫摘帽了，他的帮扶任务也结束了，但他还是经常去看望他们。"平时没时间，就下班后过去，或者周六周日。我爱人也跟着我去过五六次。以前我爱人总问，给你的钱咋又没了，为了省钱给贫困户买米买肉，我把烟都戒了……有一次我帮扶的一个 72 岁的老年痴呆大爷，在 2018 年元旦的时候走失。我们从白天一直找到了第二天早上 4 点，后来在海伦发现了，但已经冻死了，挺让人难受的。"正是有了这样一批把贫困户当作亲人的工作队和扶贫干部，望奎县的老百姓才能和干部团结一心，朝着小康社会的伟大目标砥砺前行。

四、扶贫干部的自我转变

精准扶贫、精准脱贫工作的核心在于帮扶人，在于政府工作人员、帮扶责任人、驻村工作队、村两委对扶贫政策、措施的精准理解。为了提升各级帮扶人的个人能力、帮扶素养，降低政府工作人员和基层工作人员的工作时间成本，县组织部利用微信群对所有战斗在一线的扶贫干部实行扁平化管理，以会代训，多运用视频会的形式组织开展扶贫业务、扶贫政策专题培训，以便政策理解到位、宣传到位；同时利用微信群，在第一时间传递最新的扶贫政策、扶贫方式，打通基层帮扶人与县委县政府之间的空间壁垒，增强政策的实时传递性，加强扶贫的责任感。"有了微信群，可以节省很多开会的时间，尤其是一些小会，能在微信群说明白就在群里说。我们一般不开没有用的会，微信群就可以解决了，在微信群发了通知，每个人看到要及时回复，高压紧逼。在群里的通知公告都是有痕迹的，你必须执行，你不能找借口回头说忘了啥的。群里通知一遍就行了，以前还一个个打电话，通知 15 个乡镇，还耳提面命地浪费时间。"（望奎县副县长赵国利）

同时，一些年轻干部缺乏农村生活经验，虽然驻扎在农村，但常常工作起来无从下手。为了帮助他们更好地理解农村、理解农民，改善干部关系、干群关系，组织部和各帮扶单位对年轻干部做了很多的思想工作，年轻干部在这个过程中也慢慢学会了怎么用老百姓能听得懂的语言去为他们讲解扶贫政策，怎么用老百姓能接受的方式带领他们发展适宜产业，走上脱贫之路。

2017 年，望奎县民政局包扶通江镇厢白头村。杨松作为一名刚刚入职的干部，被选为第一书记，同时作为驻村工作队的一员被派驻到厢白头村。刚到村里的时候，他和村两委干部一起走村串户，但由于他从小生活在城市里，缺乏和农村老百姓打交道的经验，最初连和老百姓沟通的基本能力都很弱，"说话不知道怎么说，说不明白，给人家说人家听不懂，就是老百姓跟他说的话，他也听不明白"。有时候他跟老百姓讲政策他们也听不懂，他也听不懂老百姓的方言，更不知道他们的所思所想，这可怎么办？一次，在走访贫困户的时候，一个老百姓说的话很直接，他实在委屈，自己憋屈着偷着哭。"我们民政局的副局长曾经在乡镇政府工作过很长时间，经验丰富。他给杨松做了很多思想工作，手把手教会他怎么做好这个第一书记。杨松印象最深刻的是，局长跟他说，'你是第一书记，驻村这几年你就当是跟原单位脱钩了，现在这个村子就是你的阵地，就是你工作的单位，你就得在这儿好好干，干不出来几年青春白费了。你成天哭，门儿也没有，工作开展不了人家还要笑话你，你说你来了这是干啥呢。所以你不跟老百姓接触，永远学不会怎么跟他们打交道。'"（中共望奎县通江镇原党委书记、民政局局长王志龙）但怎么才能把扶贫政策和老百姓讲清楚，让他们听进去呢？在部门领导和其他驻村干部的帮助下，杨松尝试了很多办法，比如把贫困户当作自己的亲戚，天一亮就去走访贫困户，帮助他们打扫卫生、整理院子，和有农村工作经验的干部交流探讨，把整个村的情况全部记录在本子上，没事就研究县里的贫困政策、医疗政策。现在，提起厢白头村的任何一户的事儿，杨松就能"呱呱张口清"。

扶贫工作忙碌且辛苦，很多干部在最近几年的帮扶工作中获益良多。他们表示，扶贫工作不仅仅是对农村工作能力的提升，更是对人生境界的提升，丰富了个人的世界观、人生观与价值观。经历了扶贫这个过程以后，他们对于贫困、对于农村、对于人的认识都不一样了。住建局副局长高然在这个过程中感受良多，"就像电影《迟来的告白》里那个帮扶女大学生。一开始的时候她完全是城市的那些东西，那种娇生惯养、唯我独尊、我行我素的那种东西，不受任何约束，她就觉得她应该自由。但是通过参与扶贫工作之后，她觉得她的言行、她的思想都应该与人民、和周围的人融在一起。不是一个孤立的，不是一个孤芳自赏的东西，她应该是一个把自己融入其他圈子里头，融入人当中的那种感觉。我觉得和农民在一起就会有这么一种感觉，就是把自己融入人群当中的那种感觉，这种意识非常强烈。当这一切结束的时候，你会觉得一切都是值得的。语言可能都表达不了那种感觉，但是从内心来说确实发生了改变。"

对于很多干部而言，脱贫攻坚是自己这一生中第一次如此强烈地感受到自我价值得以实现的事，是一件足以回忆一生的事情，以后在和自己孩子回忆人生时，都会感受到人性的光辉和祖国的伟大，他们发自内心地在脱贫攻坚过程中感受到了幸福。

第四章

为美好生活打下坚实基础：
危房改造与饮水工程的望奎经验

　　住房和饮水是贫困户生存的物质基础，党和政府在贫困地区的基础设施建设上投入大量的人力、物力和财力，最低要求就是让贫困户"住上安全房，吃上放心水"。农村危房改造和饮水工程工作是党和国家保障民生的一项重要工作，是推进农村社会经济发展的重要举措，也是让广大农民群众分享社会主义改革开放伟大成果的新举措。2011年以来，国家坚持"三最"原则实施农村居民危房改造和饮水工程扩建，即优先帮助住房最危险、经济最贫困农户，解决最基本的住房和饮水安全问题。特别是习近平总书记提出脱贫攻坚以来，望奎县把危房改造和饮水工程作为脱贫攻坚的重中之重、"一号工程"，紧紧围绕保障贫困户住房安全和饮水工程这一核心目标，强化落实，扎实推进。

一、望奎县住房、饮水条件的短板

（一）住房

　　1. 自然条件特殊。黑龙江省望奎县位于北纬47度，属于北温带大陆性半湿润季风气候区，冬季寒冷干燥，全年有五个月的平均温度在0℃以下，最大冻深达2米，冬季最低气温达零下38℃。特殊的自然条件给望奎县危房改造的工程实施提出了更高的要求，新建的房屋不仅要给贫困户提供一个安全的住所，更要保证房屋的保暖性能，安全和保暖关乎贫困户的生命安全，此时具有了同等重要的地位，墙体的厚度和建筑材料的使用也因此具有了特殊性。

2. 改造时机特殊。受本地自然条件的限制，望奎县施工周期通常到每年的十月，但是接到改造任务的时候已经是2017年八月下旬。在两个月的时间内要改造5034户贫困户的危房，其难度可想而知。同时，九月下旬到十月上旬这一段时间还是农村秋整地的时间，正好赶上了农忙时节。施工队中很多工人是兼业盖房子的农民，在这个时间节点如何保障充足的劳动力也是危房改造工程推进过程中需要解决的难题之一。在望奎县，农民一般会在上半年建房，这样赶在冬天之前能入住，因此八月份很少有农民建房，所以此时正是市场上建房材料供应的淡季。由于接收到任务时间较短，相关准备并不充分，在农村要改造5000多栋房子，材料也十分紧缺，需要从邻县统筹调配物资。

3. 思想改造"有难关"。在推进危房改造工作的过程中，贫困户不愿意进行改造、对住房评定结果不满意进而上访、边缘户的不满情绪等都是摆在各级干部面前的一道道"难关"！有的贫困户认为自己之前的老房子有五六十平，按照改造标准只能盖二三十平，内心难以接受；由于自建房也需要自己拿钱，因此一些贫困户有抵抗情绪。思想改造不同于物质改造，更需要有针对性、因人而异还要反复做工作。由于农民普遍受教育水平不高，对政策的理解和吸收能力都不足，怎样用老百姓能听懂的话把政策解释到位，顺利地将工程推进下去同样是考验干部们的一道难题。

4. 历史遗留问题较多。除了自然条件的限制，望奎县县域内危房改造的历史遗留任务比较重也是其一大挑战。受县域社会经济发展水平的制约，望奎县历史上并没有如此大规模的住房改造项目，许多村民的房屋还是泥草房，因此危房率也较高，对望奎县的危房改造提出了挑战。望奎县政府曾经在2008年实施过泥草房改造计划，主要是针对县城内的泥草房进行改造，并未重点关注农村的危房情况。

"在没有危房改造之前，我家就是泥草房，墙头栽得不成样子！"（贫困户王阿姨）王阿姨的讲述让我们了解了许多没有进行危房改造前村民房屋的状态，因为家里有老人、病人，所以拿不出修房子的钱。综合以上原因，望奎县脱贫攻坚的危房改造这项工作才更显得责任重大，存在的挑战也更艰巨。

（二）饮水

1. 自然条件的限制。在望奎县实施饮水工程的过程中，遇到的最大难题是自然条件限制。由于本地自然条件特殊，每年有五个月的时间平均气温在零摄氏度以下，在进行输水管道的铺设时，首先要考虑的就是能否防冻，保证在冬天气温最低的时候能让百姓吃上水。2017 年遇到了 50 年一遇的冻害，最大冻深超过 2 米，给输水管线的铺设造成了很大的困难。如果水管被冻住，等到来年 7 月份才能化开。为了保证管线不被冻坏，管道要放置在地下两米半处，不仅增加了工程难度，而且还增加了建设成本。

此外，望奎县本县域内降水丰富，因此县委县政府的领导班子在规划饮水工程时没有将重点放在如何开源，而是如何提升水质，让老百姓吃上好水。望奎县地表水并不丰富，因此饮水工程最大的难点在于如何提供稳定的水源，由于县政府财力的限制，在本县实施脱贫攻坚行动之前，望奎县没有能力实施建水库的工程，群众用水并不稳定。

2. 工程技术难度大。饮水管道铺设工程的大部分都在地下两米多处进行，技术难度极大，肉眼根本看不到，因此管线的接头处是最容易出现问题的。专门用来在地下作业的机器只适用于空旷的地段。在村庄内部，由于管线复杂，只能人工挖掘，大大提高了铺设成本，同时减慢了工程进度。由于管道接头的地方非常容易坏，所以必须人工挖，工程质量要求高。且这个环节一旦出了问题，靠乡村自己的力量就解决不了了，必须得水务局出技术力量，"我们雇了一伙人，常年不歇，但是也干不过来。我们水务局雇有专业维修队伍，管道出现的各类问题已经都排队上了日程，根本没有休息的时候。冬天土都冻了，管道出问题，更难维修。所以饮水改造对我们的挑战相当大。"（中共望奎县水务局局长刘辉）

工程最难的还不是新修管道，而是巩固提升部分的工程。这部分的工程由于之前已经有基础，要想进行提升就必须将之前的管线重新挖出来进行检查和维修。旧有的管线非常复杂，有的甚至要人工一处一处地挖掘。"有一个农户房子的管线四处都找不到，把这家房子周围都挖了，挖得房子像孤岛一样，最后在一家的角落里找到了管线。当时副县长刘晓光、饮水推进组组长丁军和赵县长等人都在。"（中共望奎县水务局局长刘辉）

住房和饮水作为基础设施工程，保障的是群众的基本生产生活需求。望奎县把危房改造作为脱贫攻坚的重中之重、"一号工程"，紧紧围绕保障贫困户住房安全、饮水安全目标，强化落实，扎实推进。危房改造工程不求花里胡哨，只求解决威胁到贫困户的住房安全问题，这既是第一要务，也是危房改造的基本要求。

而对于一个家庭来说，安居是农民祖祖辈辈的追求，房子不仅仅是一个遮风避雨的建筑物，在中国的传统文化中，房子也是观念上"家"的等同物，作为国家基本单元的"家庭"，其安全和稳固也是社会稳定的重要体现。危房不仅危及农民的生命健康，且限制了一个贫困家庭的发展。贫困家庭如果将有限的收入投入建房当中，不利于家庭生活水平的提高，也不利于其幸福感的提升，反而将其推进更深重的贫困。

借助精准扶贫项目的实施，望奎县将本县的饮水工程定位于提升水质，保障群众吃上放心水。此外，饮水工程与危房改造工程不同，不论是人饮工程还是农田水利工程，都是一项惠及全县所有农村人口的普惠性工程，此项工程的实施，可以提升农村居民的生活质量，有利于保障农业稳定生产，同时还有助于缓解因有针对性的精准扶贫而导致的群众不平衡心理。

二、政府主导与农民参与：
危房改造的执行逻辑

望奎县政府高度重视危房改造工程的实施，全面贯彻落实中央、省、市关于农村危房改造系列会议精神，以改善贫困群众住房条件，解决经济贫困、住房危险农户的住房安全问题为目标，科学规划、精心组织、扎实推进，确保按照要求高标准、高质量完成全县农村建档立卡贫困户危房改造任务，为全面打赢脱贫攻坚战奠定坚实的基础。

从全局来看，望奎县的危房改造工程由政府主导，从制订计划到最后住房验收全程参与，为工程的实施"保驾护航"。从政治高站位到层层把关识别过程，从危房改造"回头看"到注重改造户的满意，望奎县政府都积极主动参与其中。

（一）政治高站位：干部思想的"改造"

1. 干部思想认识转变是关键。在推行危房改造工程之前，望奎县政府先通过一系列的措施使各级干部明确任务的重要性和紧急性。仅 2017 年，望奎县学习脱贫攻坚内容 13 次，专题召开 28 次县委常委会议、14 次扶贫开发领导小组会议研究部署脱贫攻坚工作，通过以会代训的方式，提升干部们对危房改造意义的理解与认可，重视任务。望奎县的干部们对脱贫攻坚的认识有一个逐渐深入的过程。精准扶贫阶段的起初，他们并没有将这件事情放在工作的第一位。扶贫工作在望奎县已经持续多年，原有的扶贫方式都是在过年过节的时候，送米送面、走访慰问，以慰问的形式代替扶贫。"脱贫容易论"、"赶趟不着急"等思想当时在干部中并不少见。大多数人认为，望奎县农民人均占有的耕地面积相对南方来讲大得多，人均 6 亩地，因此一个农村家庭的农业收入和南方山区对比，应该是比较高的。然而，事实证明，这是相关干部较为狭隘的认识，是对望奎县农村实际状况了解不够深入的问题。自从习近平总书记提出我国要在 2020 年实现现有贫困线以下贫困人口全部脱贫的目标之后，整个望奎县乃至全省干部的思想都在转变。县委主管扶贫工作的马天民副书记说道："事实恰恰不是我们想象的那样。随着后期这种认识的不断深化，包括习近平总书记关于脱贫任务的重要论述的深入，深入调研对望奎农村工作的全面认识，我们的思想和态度都发生了变化。例如，当我们最早听到中央提出的'两不愁三保障'脱贫任务，我们认为黑龙江农民的吃穿没问题啊，我们望奎县也没问题啊。但是后期，随着三保障的不断深入，对脱贫意义的认识不断深入，大家发现望奎县的这项工作还有亟须补齐的短板，尤其是三保障。"

2. 多重会议传导工作压力。书记县长多次召开汇报会、调度会。汇报会即是各级党委书记等相关负责人在会议室进行面对面地工作汇报与讨论。调度会不同，乡镇干部不需要到场，相当于视频会议与现场会议的组合。县委书记、县长及县扶贫开发领导小组的其他成员一起在县里的视频会议室，乡镇的负责人则在当地政府的视频会议室，讨论乡镇住房饮水工程的进展情况、问题与困难、解决方式、下一步计划、工程进度保障机制等。通过这两个层面的会议，县级主管领导及时掌握全县总体情况，便于部署工作、解决问题的同时进行压力传导。

3. 常态巡查打破层级限制。除了推进组之外，望奎县常务副县长亲自下乡，重心下移，帮扶工作，到乡到村，现场去指导，解决难题，提升危改的质效。书记亲自抓、突出抓、重点抓，形成县委书记、乡镇党委书记、村支部书记三级书记抓危改的局面。乡镇政府和村两委解决不了的难题，书记、县长去了，站位更高、统筹资源更多，往往能解决问题。"有时候书记县长到现场一个意见就解决了，包括我们去施工现场，他们说有的工作做不动，我就说我试试。我就带着人全力以赴，没有上推下卸，真正做到统筹抓、合力抓、突出抓，没有解决不了的问题。"（中共望奎县副县长孙立军）党政高度重视、三级联动抓危改，成为危房改造工作顺利完成的重要前提和核心保障。

（二）层层把关：危房改造识别做到真"精准"

严格执行危房评定程序，保证本县危房"清零"。在推行危房改造工程前，必须摸清本县域内需要进行危房改造的贫困户数量和等级，因此望奎县严格执行上级下发的标准，按照个人申请、村级评议、镇级审核、县级批准的程序，确定危房改造对象。并通过镇村广播、发放"危房改造政策明白卡"、公示改造危房家庭名单等形式，反复宣传农村危房改造的政策标准和改造对象，并要求各乡镇、村做到"两审两公示"，实现家喻户晓、人人皆知，从而接受群众监督。

为了完成全县辖区内危房的全面摸底排查工作，望奎县住建局成立了 15 个工作组，每组负责一个乡镇，逐村逐户查看、核实住房情况，将符合改造标准的农村危房户登记造册，优先考虑居住在 C、D级危房中的建档立卡贫困户，做到底子清、情况明、对象精准。普查的内容从贫困户的家庭、住房基本情况、住房使用情况安全判定情况等几个方面入手，保证普查的内容全面、真实、可信。普查工作以村为单位，逐户进行排查，采取自下而上、全面入户的方式，按照"行政村普查上报、乡（镇）逐一核实、县住建部门组织复核"的方法进行。具体的普查工作实施主体是乡（镇）人民政府，组织各村干部进屯入户开展调查，并完成相关数据的收集、整理、汇总、上报，负责填写《农村住房情况摸底调查表》和《望奎县农村危房情况摸底调查汇总表》。

危房的认定由县住建部门组织实施、乡镇政府全力协助配合，同时抽调了质量、安全、房产评估等专业技术人员，对贫困户住房的危房特征明显的，可以直接认定为改造对象，对危房特征存疑的，委托有资质的专业鉴定机构开展认定。对认定为 C 级、D 级的危房要填写《危房入户调查鉴定表》，拍照建档，同时由鉴定负责人或机构签字盖章确认。

危房认定非常复杂，由于建筑材料、住户保养等原因，同一时间盖的房子有可能出现一栋被评为 C 级、另一栋被评为 D 级的情况，二者改造的补助标准也不同。因此，有些贫困户就会产生不满，出现很多争评 D 级、多要补助的现象。这样的问题反复出现，为了做通老百姓的工作，基层干部想了很多办法，动之以情、晓之以理。"我就用找媳妇这样的例子给老百姓做工作！都是二十来岁找的媳妇，你爱护媳妇疼媳妇，二十年过去，你媳妇儿还是年轻模样，你不爱护，她就变成老太太模样。现在国家政策希望每个人都有一样安全的房子，原先破坏严重的，就得多补助一点儿。"（中共望奎县副县长孙立军）像这样的方法干部们还想了很多，他们用老百姓能听懂的话和他们交流，力求把政策完整清晰地传达给贫困户，确认贫困户危房鉴定的权威性与危房改造的公正性。

（三）精准建设方式，多措并举促危改

1. 改造过程严把"四关"。危房改造实行共商共建的原则，充分尊重农民意愿。按照"农民主体、政府推动、多级联动、共同建设"的模式，在充分尊重农户意愿的基础上，拆除重建与修缮加固并重、集中改造与自修自建相结合，因户制策，主要采取 C 级危房维修补助 1.4 万元、D 级危房翻建或购买置换补助 2.8 万元的方式进行改

造。在实施危房改造的过程中，望奎县严把队伍关、材料关、手续关、质量安全关。

由于政府危房改造工程队数量有限，为了保障改造工程进度，针对不同类型贫困户、不同类型危房，设计了不同的改造方案。有一定劳动能力、能够自行改造房屋的贫困户，鼓励其自行改造。例如，有的贫困户自家人或亲戚里有泥瓦匠，就鼓励贫困户拿到补贴后自己建房，这样既能运用一些老房子的建筑材料，也能保证房屋的质量，同时鼓励需要建房的几家换工互助。针对孤寡老人、残疾人员等确实无能力自行改造的弱势群体，政府组织工程队帮建或购买置换。针对无房户和不修不建户，采取由镇、村主导集中联建，贫困户无偿使用的方式集中建设幸福大院。"有一户对鉴定结果不满意，我就用自己的专业知识跟他详细说明了为什么这么鉴定，然后我当着他的面，根据他家具体情况亲自设计出了维修方案。后来我回访的时候还问他：'大哥你按我的方案满意不满意啊？'他说：'当初多亏听你的了，要不我全推倒了重建，补贴不够还得借两万块钱。这太好了！'"（中共望奎县副县长孙立军）现在，望奎县的贫困户全部住上了安全放心房。

保障工程质量，就必须严把工程建设的各个关口，全程跟踪、全程监管、全程问效，才能切实保障扶贫效果，提升贫困人口对国家政策的满意度。第一个关口是队伍。集中联建、统一公建，无论怎么建，队伍有没有能力是关键。由于工程实施采取先建，验收成功之后才能有补助金，如果没有资质、没有能力、建不好，老百姓不满意，就不能通过验收。于是，住建局反复检查工程队资质，不行的坚决取缔。"这是党中央的惠民工程，不能变成基层的糟心工程。"（中共望奎县副县长孙立军）望奎县在危房改造工程任务最紧张时，有100多个队伍，实行流程作业、循环作业、科学建房，工程队伍的数量基本上能够满足需要。但其中也存在一些人员施工水平不足导致工程不合格的情况，发现问题之后，针对这种情况又进行了集中整改，"回头看"的时候把其中墙体粉刷或者线路安装不合格等类似的情况都给解决了。2019 年 3 月，望奎县又用了三个月的时间再次进行了危房改造"回头看"，解决了四五百个窗台、墙根的问题。

第二个关口就是材料。望奎县危房改造主体工程就一个月的时间，后期就是内部装修等活动。但是，东北地区农村建房多在春季和夏季，在望奎县启动危房改造工程时，已经过了当地农村建房的最佳时间，整个县域各类建筑材料市场并没有充足的平房建房材料供应。在这种情况下，如果同时进行 5000 栋新建和维修房屋工程，建筑材料的价格必然上涨，给贫困户增加额外的压力。望奎县多部门联动，市场监督局采取措施加强监管，一是迅速从其他地区调配建筑材料；二是严格市场督查，控制市场价格；三是加强进入当地市场材料的质量监管工作，避免鱼目混珠以及一些残次品的进入。

第三个关口是建房、修房的手续。搞好规划设计，在哪里建房以及建设标准都有明确的规定。望奎县要求乡村规划局主动到乡镇基层，为贫困户危房改造提供上门服务，进行前期规划、设计。

第四个关口是质量。质量是危房改造的核心，保证质量才能真正解决安全问题。由于工程时间短，虽然监管要求已经很严格，但最终检查还是出现了几百个问题。望奎县在这项工作开展过程中，秉持不怕问题、就怕发现不了问题的原则，遇到问题整改问题，确保危房改造质量合格。为了确保公正验收，望奎县聘请黑龙江省寒地建筑科学研究院作为第三方机构承担危房改造的验收工作。改造之前，以危房鉴定报告作为工程基础；改造完成，以验收机构出具的安全报告作为依据。

2. 灵活整合资金。望奎县是贫困县，财政收入水平不高，属于经济意义上的"小县"，一直以来财力十分紧张。在国家、省政府的危房改造专项资金没有到账的情况下，为了抢工期，望奎县委常委会进行专题讨论、政府常务会深入研究，把有限的资金集中到一起，调动转移支付金，灵活整合县级资金，把有限的补助资金用在刀刃上，全力保障危房改造工作的推进，坚决把贫困户、弱势群体的危房保障好，保障农民"住有所居"、"居而保安"，让贫困户尽快住上安全的房子。

（四）监理、督查、"回头看"：危房改造质量为重

危房改造质量为先，除了贫困户认可房屋质量之外，望奎县还聘请了专业的监理团队，对新建房进行质量鉴定，从专业的角度保证房屋质量。各级主管干部在危房改造工作推进过程中反复提、多次提保证质量，是危房改造的重中之重。

1. 聘请专业监理团队，保障危房改造质量。为了保障危房改造的质量，望奎县专门聘请了省里最权威的监理公司对工程进行站地监理，制定了严格的监理条例。在具体改造时实行旁站监督，现场观看危房的整修和重建工作，及时解决工程中出现的各种问题。

2. 成立督查组及时了解反馈改造情况。为确保危房改造工作扎实高效推进，望奎县建立健全了危房改造质量监督检查制度、工程进度督察制度、材料保证供应制度和信息情况综合反馈制度四项监督机制。从县纪委、扶贫办、住建局等相关部门抽调人员成立 3 个督查组，每组负责 5 个乡镇危房改造工程质量、工程进度检查和信息情况反馈。同时，各扶贫驻村工作队每天深入危房改造户，及时准确了解掌握各类情况以及存在的问题和难题，汇总上报危房改造领导小组办公室，危房改造推进组随时掌握第一手信息，及时完善和调整工作举措，保证了全县危房改造工程全面有效落实和推进，同时在危房改造过程中实行监理制度，聘请专门的监理团队监督危房改造过程。严格督导检查，规范工作程序，始终把督促检查工作作为防范问题、发现问题、解决问题的关键措施来抓。

2017 年，面对改造户建房施工期，原材料价格上涨、个别农户改造积极性不高、工程施工期短等不利因素，县住建局协调县内各砖

厂和其他建材供应商将各类建筑材料的价格、质量、标准向全县公示，既要供应高质量建材，又要保证价格合理。同时，帮扶责任人进村入户广泛宣传，将政策宣传到户到人，一户一户盯着做群众工作，用磨破鞋底、说破嘴皮的韧劲争取群众理解政策，积极主动参与到农村危房改造中来，形成上下合心、干群合力的良好局面。

3. 危房改造"回头看"，查漏补缺。2017 年，黑龙江全省要求减少全省建档立卡贫困户 C、D 级危房户和无合理稳定居住条件户错漏率。望奎县认真贯彻政策，对全县相关情况进行逐户再次核实，对中央和省级补助政策精准落地情况进行深入督导，对改造任务完成情况进行检查验收，同时通过互检增加工作交流和相互学习，促进贫困户危房改造工作提质增效。在进行交叉互检的同时，严格规定干部的言行，明确互检的重要目的是加强交流学习，要求检查单位与受检单位通过此次检查深入交流农村危房改造工作经验，达到提高改造工作质量标准的目的。

互检采取的是责任倒查机制，坚持实事求是、"三严三实"原则，以解剖麻雀的办法开展工作。检查结果由村、乡镇、县级住建部门、县政府主管领导分别签字，逐级负责，严防因助管过错发生识别漏错问题，严肃追责。各互检组严格按照检查内容逐项进行检查，在认真填写、汇总表格的同时，按汇报模板总结检查情况。检查工作形成专项报告，内容规范翔实，并送交省住建厅存档、备案。

4. 动态管理监管贫困户安全情况。农村危房治理是老百姓生命攸关的大事，也是一项长期的、动态的、繁重的管理工作。因此，望奎县对所有建档立卡贫困户房屋安全性进行监管和动态管理，遵循"预防为主、防治结合、综合治理、安全利民"的原则，建立健全了农村危旧房常态化网格化巡查工作机制，做到定期巡查、灾后突查，及时发现、及时处理，把握主动权，确保不漏一户、不伤一人。随时查漏、随时更新数据：（1）对于新出现的危房纳入新改造范围，确保贫困户住房安全；（2）对已完成改造的房屋，如果仍存在影响住房安全的房屋质量问题，进行全覆盖、无死角排查和专项治理；（3）对贫困户改造后住房使用情况、原有危房拆除补助资金发放情况进行深入调查，及时整改发现的问题；（4）对未享受农村危房改造政策即已脱贫建档立卡贫困户住房安全情况进行排查，查缺补漏，建立了整改台账，立行立改，努力提高群众对贫困户住房安全保障工作的满意度。

危房改造的推进过程中，望奎县不仅以全套机制抓改造质量，还建立了一套宣传机制，充分发挥广播、网络等媒体作用。一则用群众喜闻乐见的方式，广泛宣传房屋安全常识，增强了农房所有权人、房屋使用人的安全意识和责任意识，充分发挥了群众自我监督和自我管理的作用；二则利用媒体监督政府的作用。在这个过程中，望奎县不断完善危房改造的质量管理机制，通过提高施工人员水平，规范使用建筑材料，规范验收程序、派驻工程监理等，切实保证治理工程质量；完善了资金筹措机制，保障建设资金；采取村民用工调换的办法，解决建房劳动力工资问题，动员建房户找亲戚朋友、左邻右舍帮工。危房改造政策让贫困群众实实在在享受到了党的温暖阳光，密切了党群、干群、群众与群众之间的关系。这些经验是基层扶贫干部和贫困人口在工程推进过程中相互磨合、反复协调的结果，不仅适合望奎本地的情况，同样可以推广到其他地区和领域。

（五）百姓认可与数据统计：危房改造成效明显

农村危房改造是一项政治工程、民心工程，通过实施农村危房改造，有效解决了长期困扰困难群体的住房难题，把老百姓"住有所居"的愿望变成了现实，让老百姓得到了实惠，践行了党的宗旨，同时密切了党群、干群关系，进一步巩固了党在农村的执政基础。

1. 危房改造百姓认可是首要目标。"房子好不好，得让贫困户说话，你要是建得不好，贫困户也不答应。"（中共望奎县住建局副局长战英龙）危房改造的目的是为了改善贫困户的住房条件，保障贫困户的生命安全，主体就是贫困户，因此只有贫困户认可才算得上工程实施成功了。"政府可帮了大忙了，之前我家因为家里有病人又有小孩儿，攒不下钱来，也就顾不上修房子了，现在建房子国家还给你补助，那咋不高兴呢。"（望奎县贫困户王阿姨）贫困户的满意就是对危房改造工程最大的认可。

2. 望奎县危房改造成效明显。2011 年以来，望奎县共改造危房29517 户，其中，精准扶贫时期，望奎县用三个月时间，集中完成 5709户建档立卡贫困户的危房改造工作，有效地改善了农村贫困农户居住条件。农民住上了安全实用的房子，实现了祖祖辈辈的安居梦想。

三、平衡发展与巩固提升：饮水工程的实践与做法

习近平总书记指出，要加强水利专项行动。望奎县按照习近平总书记的部署要求，高点站位，突出重点，精准发力，围绕着"务实治水、水利利民"，深入开展了水利扶贫行动。农村饮水安全问题，是脱贫攻坚"两不愁三保障"的硬指标。为切实保证广大群众都能吃上安全水放心水，2017 年以来，望奎县投入了大量的人力物力财力，将重点放在农村饮水安全巩固提升方面。

（一）精准定位：望奎县饮水工程重在巩固提升

望奎县地处半湿润季风气候区，年降雨量 400 毫米，并不属于干旱地区。望奎县 2005 年启动一项饮水工程，称为"饮水解困"工程，工程标准为人畜饮水，改善农村饮水供应设施与条件。农村饮水实行单井单屯制，每个屯都有一眼井，配备一个水处理设备，供一百

多户饮水，管护成本较高。

2017 年之后，望奎县开始饮水工程改造。为了节约管护成本，改行单井多屯制，一眼井配备一个功能更强大的水处理设备，供应周边多个屯饮水。望奎县部分地区属于贫水区，地下水资源并不丰富，尤其是县城东部农村地区，一则打井困难，二则一眼井的水量不够几个屯使用，必须打组合井。最多的时候，一处工程打了 3 眼井，全县共有 8 处这样的工程，井和井之间的管线、电频等设备都必须连上，施工难度和成本都大大提升。

饮水安全工程是"两不愁三保障"的一项重要内容，因此脱贫攻坚行动进入精准扶贫阶段以来，望奎县深入考察本县农村饮水服务的问题，以期在扶贫行动引领下，进一步改善农村居民饮水条件。一直以来，望奎县农民吃水不是问题，再加上本地工业并不发达，水质总体情况也不错，但问题是优质水源分布不均匀，部分区域的农民受地形、经济水平限制等原因吃不上自来水的情况依然存在，尤其是冬天饮水困难。望奎县委县政府经过讨论决定，将脱贫攻坚的饮水保障工作落实为"饮水安全工程"，核心定位为"巩固提升"，在原来的基础上对全县的管网进行升级改造，解决部分农户吃不上自来水的问题。有了工作目标就有了方向，望奎县在这一定位的指导下，开展了全员参与的饮水工程攻坚任务。

确定任务之后，全县一共设计了 294 项饮水安全工程，涉及 333 个自然屯，在工程进行过程中又纳入了几十个自然屯，总共覆盖 380 多个自然屯，共投入资金 1.2 亿多元。其中，102 个自然屯属于新建饮水管线，其余近 300 个自然屯原有的饮水管线，因为各种原因不能通水，包括填埋或者水处理设备运行故障等，饮水工程的工作量非常大。与危房改造工程相比，饮水安全工程更难，因为施工全部在地下 2.5 米处，破旧管线甄别难、修理难、新建也难。例如，危房改造的工程进度，除了建筑材料需求的竞争，其他方面相互之间并无影响，一栋房子没改造好，并不影响另一栋房子的改造进度。饮水工程的各个部分之间相互联系，一个自然屯的管道没有建设好或运行不畅，可能会影响另一个自然屯的饮水供应，因此是一个系统工程。

（二）政府主导全面推进饮水工程

1. 先期准备充分，不打无把握之仗。望奎县委县政府高度重视饮水工程，为保证工程顺利实施，专门成立了水务专项推进组。组长由统战部部长担任，并与主管农业的副县长和县政协主席共同组成核心领导小组。在推进饮水工程的过程中，领导小组充分调动乡镇领导干部、水务局领导和技术人员参与工程启动、设计和推进工作，前后召开会议 30 余次。水务局的副局长战英龙更是亲自带着队伍，将全县 655 个屯的水网管道路线走遍，全面细致地掌握各村屯的自来水使用情况，为后期工程做准备，打有准备的仗。在人员配备方面，仅水务局一个机构就将在职人员 68 人中的 50 人投入脱贫攻坚的饮水工程中，足以体现县级层面的重视程度。

2. 多方配合，共同助力饮水工程。首先，采取招标的方式，将全县的饮水工程分为 39 个标段，由 39 家工程队同时进行施工，同步推进，充分发挥人多力量大的优势。其次，领导小组成员直接到达施工现场，对于工程队和基层领导不能解决的问题当场研究解决，所有问题不拖延，保障工程顺利实施。"领导深入一线，深入基层看水。乡镇党委书记都要到现场，凡是检查涉及乡村的事，都入户看。入户首要就是看水，直接到厨房，完了直接接水喝，第一个看有没有水，第二个试水好不好喝。虽然水质有科学的检测报告证明，但是县领导乡镇领导直接尝尝好不好，一是体验，二也是一种亲民行为。这样的工作安排，不单在 34 个贫困村如此，非贫困村也一样。"（中共望奎县委统战部部长丁君）这种现场研究拍板定方案的问题解决方式减少了层层上报、层层下传的繁琐程序，实现了组织扁平化的同时，又大大提升了工作效率。

保障饮水安全工程的质量，望奎县饮水工程专项领导小组制定了工程实施条例，用制度规范工程实施过程进而保证工程的质量。整个工程在 2017 年 8 月底开工。工程实施期间聘请专门的监理现场巡回监督。同时 15 个包乡干部全部到现场监督，乡镇政府工作人员也要到现场，协同监督保证施工质量。饮水工程还有一个难处就是维护费用高，很多材质和设备都是易耗品，设备长时间开机或者在水里浸泡容易损坏，而且维修需要专业技术人员。"因为管网在地下，有时候某个村子只有几户吃不上水，或者只有一条街吃不上，维修起来非常困难，得一处一处排查，就怕找不着'病根'，不知道为什么坏。"（望奎县水务局局长刘辉）这些难题既考验技术人员的技术水平，同时也考验各个部门的协同配合。全县 195 处饮水工程损坏的概率很高，但是经过不断地排查、不断修理、更新设备，问题日益减少、质量不断提升。

（三）多方监管保障群众吃上放心水

除了在工程实施过程中保障工程质量，望奎县还积极建立多方监管机制。首先是部门监督。水务局作为主要负责部门，将局里的大部分在职人员都抽调到饮水工程一线进行监督，同时每个乡镇政府抽调一名工作人员配合，与驻村工作队共同监督工程实施。发现工程进展过程中可能影响质量的重大问题，督查组有权叫停工程，解决问题后才能继续施工。其次是外部监督。望奎县聘请全省最权威的水务工程监理公司作为第三方机构，确保饮水工程监督评价工作客观、公正。最后是属地监督。饮水工程与危房改造等工程不同，其受益对象并没有贫困户和非贫困户之分，全县所有村屯的农民都是受益群体，因此，望奎县积极发动每个村屯的村两委和村民共同参与监督，用"人海战术"保障工程的质量。

（四）管护制度创新，百姓参与饮水工程维护

1. 积极发动群众参与饮水工程管护。工程建设前，按照"量力而行、民主决策"的原则，根据农民生活需要确定工程建设地点和建设方式，由村初步确定工程建设内容和建设规模，经村民代表表决同意后，向乡镇提出工程项目申请，由乡镇政府报请项目。工程建设期间，通过村委会宣传板公示、电视媒体报道的方式，向广大农户宣传工程建设内容、工程投资和完成时间等各项内容，接受受益农户的参与和监督。工程建成后，由受益村屯的村民代表参与工程竣工验收，实现事前、事中和事后的全程参与。水利工程的效益主要体现在社会效益、生态效益和普惠效益，除农户自建或承包经营的小塘坝、蓄水池、机电井、水保工程等小型工程通过养殖、卖商品水、种植等收益外，其他农户都是借助工程设施的保障作用增加经济效益。如水保治沟工程实行承包经营、分成管理。这种管理模式已在海丰、恭六、东升 3 个乡镇实行，涉及 121 条沟：其中 32 条沟是三七分成，村得三成，承包户得七成；64 条沟实行的是二八分成；其余 25 条沟承包给农户管理，经济收益均归农户所有，村屯不收取任何提成，但要求承包农户必须因地制宜保障生态效益和社会效益。

2. 创新农村水利工程运行管理制度。首先，工程产权制度改革。望奎县积极探索农村水利工程的产权制度改革，通过承包、租赁、拍卖等方式，搞活经营权，调动农民群众兴办小型水利工程的积极性，实现小型水利工程建、管、用和责、权、利的统一，逐步建立符合市场经济要求的小型水利工程管理体制和投资机制。其次，进行管理主体制度改革。通过成立用水者协会、专业合作社等方式，提高用水户和收益农户的参与度，将专管与群管相结合，明确产权和义务，完善管理制度，通过经济杠杆撬动，增强社会参与工程建设的积极性，逐

步实现以水养水、以水兴水的专业化、市场化、企业化运行管理模式。

（五）成效明显：农民生活质量与政府治理水平同步提升

1. 饮水工程提高了农村居民生活质量。首要的是人饮工程，仅2017 年，全县就整合资金 1.43 亿元，实施农村饮水安全巩固提升工程 157 处，新建改造农村饮水安全村屯 333 个，受益人口 211 万人，其中贫困人口 2.31 万人；2018 年以来，全县实施新建房补充饮水入户 1665 户，实现了农村饮水安全全覆盖。在工作中，望奎县严格按照《农村饮水安全评价准则》和《生活饮用水卫生标准》，结合黑龙江省有关要求，突出水质、水量、方便程度和保证率四项指标，特别是水质问题，针对境内地下水铁锰区域性超标的问题，全县 195 处工程全部安装了水净化处理设备，让百姓吃上了放心水。

然后是农田水利工程。截至 2020 年，望奎县全县旱田节水灌溉工程 974 处，控制灌溉面积 32.36 万亩。农田灌溉井 1816 眼，水田小井 2450 眼，小塘坝 101 座，蓄水池 246 处，小型水利工程为春季坐水种、发展特色经济和抗旱灌溉提供了必要的水源。

2. 饮水工程的实施拉近了干群关系。望奎县水务局副局长说，他去贫困户家，贫困户摘了一小盆黄瓜洗干净让他吃，还有的贫困户在他走的时候告诉他："下次来我给你炖小鸡儿吃！"他认为这不仅是老百姓认可了这个工程，还为以后政策的推行打下了良好的群众基础。由于常去群众家里，老百姓有什么需求都跟干部讲，干部也会及时将政策的变动告诉老百姓，帮助他们理解政策内涵。这些举措在拉近干群关系的同时，政府和政府工作人员的形象在百姓心中获得极大的改善，也提升了政府的治理水平。

第五章

解决看病与上学：
筑牢脱贫保障线

教育和医疗的高成本一直是贫困家庭的痛疾，因病和因学贫困的比例在致贫因素中占有很大比例。望奎县始终守初心、担使命，将打赢医疗保障扶贫攻坚战作为第一政治责任和首要工作任务，坚持以习近平新时代中国特色社会主义思想为指导，以提高农村贫困人口医疗保障受益水平为主线，以参保缴费有资助、待遇支付有倾斜、基本保障有边界、管理服务更高效、就医结算更便捷为目标。在教育方面，望奎县教育体育局始终把教育扶贫工作放在重中之重位置，充分发挥教育扶贫助力脱贫攻坚的积极作用，坚持实施精准资助、改薄治弱、营养改善、强师提效、交通保障、控辍保学、质量提升七大工程，不断加大教育扶贫力度，为农村贫困生铺就一条成才路，让他们有学上、上好学，实现了全县没有一人因贫辍学的目标。

一、望奎县因病致贫的现状与挑战

当前正值脱贫攻坚的关键时期，剩下的贫困人口贫困程度更深，脱贫难度更大，特别是在脱贫攻坚的最后时期，占据主导位置的是因病致贫和因病返贫的情况。2018 年，全国农村贫困人口减少到 1660 万人[1]，

---

[1]　参见国家统计局：《2018 年全国农村贫困人口减少 1386 万人》，2019 年 2 月 15 日，http://www.stats.gov.cn/tjsj/zxfb/201902/t20190215_1649231.html。

其中农村因病致贫人口减少到 516 万人[1]，占全国建档立卡贫困户的 31%，因病致贫可谓是中国脱贫攻坚战中最难打的战争，望奎县更是如此。2017 年，望奎县有建档立卡贫困户 9973 户、25576 人，其中因病致贫 6821 户、17374 人，包括患病人口 12441 人，占其贫困人口总量的 67.93%。例如，火箭镇建档立卡贫困户 718 户，贫困人口 2004 人，其中因病致贫人口占 71.7%。在望奎县未脱贫人口中，80% 以上为老弱病残，因病致贫、因病返贫压力大。

望奎人民经常食用酸菜、大酱等硝酸盐含量较高的食物，导致高血压、冠心病等心脑血管疾病高发，医疗需求巨大。加之，当地地广人稀，各个村庄、乡镇之间距离较远，医疗资源相对匮乏，农村人口健康知识匮乏，常常"小病拖成大病"才会寻求医院治疗。同时，在望奎县的贫困人口中，老年人口占比 48.6%，在多重因素影响下，望奎县贫困人口的"看病难"、"看病贵"、"易得病"等现象突出。因此，健康扶贫工作成为望奎县脱贫攻坚的重中之重，但也是难上加难的任务。

精准扶贫政策实施以来，望奎县委县政府针对当地因病致贫、因病返贫现象，高度重视健康扶贫工作，成立医疗扶贫专项小组，负责统筹协调和综合管理因病致贫贫困户精准帮扶工作，及时处理在帮扶工作中出现的新情况、新问题，共同为贫困人口"看得上病"、"看得起病"、"看得好病"、"防得住病"保驾护航。

二、"看得上病"：望奎县健康扶贫的政策保障

（一）肃清部门壁垒，打好政策组合拳

为了贯彻落实黑龙江省关于打赢脱贫攻坚战的决策部署，望奎县

---

[1] 央视网：《【扶贫减贫进行时】2018 年农村因病致贫人口减少到 516 万人》，2019 年 4 月 23 日，http://sannong.cctv.com/2019/04/23/ARTISbVofBidUFKYgRsZUEmE190423.shtml。

于 2017 年 9 月 3 日成立了以卫生健康局为首的医疗扶贫专项小组，主管副县长任组长，卫生健康局、医疗保障局、民政局、中国人寿保险公司等相关部门负责统筹协调和综合管理全县因病致贫精准帮扶工作，打通各部门的部门壁垒，切实担负起全县农村贫困人口的健康重任。根据望奎县脱贫攻坚实际情况，医疗扶贫专项小组多次召开会议研究并制定多项健康扶贫政策，先后制定出台了《望奎县医疗扶贫暂行办法》（望政办规〔2017〕2 号；望政办规〔2017〕6 号）、《望奎县健康扶贫工作方案》等 46 项政策与措施，为望奎县的健康扶贫打下了坚实的政策基础和行动指南。

望奎县医疗扶贫专项小组各个部门互相分工合作，卫生健康局主要负责"摸清"全县贫困人口中患病人数和医疗保障情况，按照"一户一卡、一人一案"的原则，根据病因、病情建立贫困人口健康档案数据库，为贫困患者"三个一批"分类治疗和精准管理提供了准确信息，确保患病贫困人口"底数清、情况明、治疗好、服务好"。"现在医疗待遇保障问题，不单纯是医保的问题，望奎整个医疗保障线很完善，每个部门不是单一的，全是一系列的组合拳。实质平台上，卫生、医疗、低保、慈善一系列组合拳，最终把老百姓保障好，不是单兵作战，而是一个操作流程，不仅仅在政策组合上，还有在政策支持上、在实践操作平台上。特别是涉及医疗费用核销时，我们有'一站式'服务，只要患者从医院出来，他既不用上保险公司，也不用上民政局，所有报销、补偿、补助的事，'一条龙'全能解决。以前的问题从顶层设计到基层行动，都出现过服务不到位的问题，老百姓为了报销医药费总是跑这跑那。现在不一样了，医疗、民政部门的领导和主管县长都是现场办公。"（望奎县卫生健康局局长周硕）

近年来随着国家医疗保障体制改革的不断深化，农村医保管理机构几经改革，从新农合办公室到社会医疗保险局（2017 年）再到医疗保障局（2019 年），望奎县的医疗保障做得越来越完善。具体来说：第一，医疗保障局每年初都对建档立卡贫困人口医疗保障扶贫政策进行梳理，印发年度医疗保障扶贫政策清单，确保建档立卡贫困人口医疗保障扶贫政策落实不漏项。建立了包括基本医疗保险、大病保险和医疗救助数据信息在内的建档立卡贫困人口患者台账，保证贫困人口惠民政策不漏人。对基本医疗报销、大病保险和医疗救助核销后仍有生活困难的，及时将数据上报县政府，与县民政局一同通过临时救助和慈善救助的渠道进行二次救助。同时，规范定点医疗机构诊疗行为，强化县乡村三级医院用药、检查、收费等环节管理，坚决杜绝医院滥开大处方、检查单等违纪违规行为，及时协调解决贫困患者就医审核、经费结算以及在医疗保障扶贫工作中存在的新情况、新问题。第二，按照国家、省、市医疗保障政策，结合望奎县实际情况，制定医疗保障扶贫政策"七提高"，包括提高参保资助水平，提高门诊补偿待遇水平，提高门诊慢性病报销待遇水平，提高住院报销待遇水平，提高大病保险待遇水平，提高住院患者医疗救助水平，提高重特大疾病医疗救助水平。第三，依托县乡帮扶干部、定点医疗机构、新闻网络媒体等做好医保扶贫政策宣传。第四，深入推进医疗保障扶贫待遇落实全覆盖。在落实参保缴费保障方面，2017 年以来，全县为建档立卡贫困人口 74687 人次（2018 年 25375 人次，2019 年 24921 人次，2020 年 24391 人次）资助医保参保费用 1521 万元。在落实基本医保待遇方面，2017 年以来，全县为建档立卡贫困人口 98851 人次补偿基本医疗保险医药费用 17184.8 万元。其中住院医药费报销 30623 人次共 13027.9 万元，慢性门诊病医药费报销 33757 人次共 3135.2 万元，普通门诊报销 34471 人次共 1021.7 万元。在落实大病保险保障方面，2017 年以来，全县为建档立卡贫困人口 3083 人次大病保险报销医药费 1104.1 万元。在落实医疗救助保障方面，2017 年以来，全县为建档立卡贫困人口 13986 人次医疗救助 1876.3 万元。第五，深入推进医疗保障服务全覆盖，一是开通 24 小时医疗保障扶贫咨询热线，二是完善县乡村三级诊疗体系，三是建立贫困户医疗保障报销信息平台，四是推行医疗保障一站式服务、一窗口办理、一单制结算"三个一"服务模式。在人民办事中心大厅、县级医院设立了基本医疗保险、大病保险、民政救助"一站式"报销结算窗口，通过部门间的信息无缝对接，为贫困患者提供基本医保、大病保险和医疗救助即时结算服务。

"国家在医疗救助方面的政策是有原则性的，但是我们在实地排查过程中发现贫困户进行完基本医疗保险、大病保险、医疗救助后最终还是有问题的，我们根据望奎县的现实情况采取医保和民政打通的方式，医疗救助和慈善救助一起救助综合实测解决问题。"（望奎县医疗保障局局长李凌宇）

在医疗扶贫专项小组成立后，民政局多管齐下，充分发挥农村低保、临时救助等民政兜底保障功能，抓好民生保障政策落实，编密织牢社会保障托底安全网。开展县乡村三级低保核查工作，确保农村低保对象精准，与扶贫对象无缝衔接，做好兜底数据精准化，实行分类救助。2018年，民政局制定了《民政兜底扶贫暂行办法》对全县建档立卡贫困户实施低保兜底、医疗救助、临时救助、慈善救助四项扶贫政策。2018年，全县共有城乡低保对象41854人，农村低保对象34895人，其中建档立卡贫困户8294人。2019年以来，民政局从望奎县摘帽后的实际情况出发，积极实施低保对象动态管理，截至2020年底，全县现有城乡低保对象33873人，农村低保对象29249人，其中建档立卡贫困户10405人，大幅降低了低保兜底人数。"我们在考虑低保贫困户退出低保后会不会返贫的基础上，稳步开展了低保清查工作。随着脱贫产业的持续稳固，我们全县贫困人口会逐步降低到3000人左右，最终能剩下的需要低保救助的就是老弱病残，这些人确实需要国家财政兜底，但不会太多。"（望奎县民政局局长王志龙）在核查低保的同时，民政部门按照"应保尽保"的政策，只要发现新的符合农村低保条件的贫困群众，主动、及时、全部纳入农村低保。对实现就业或接受扶贫开发项目取得收入不稳定且不符合低保条件的家庭，实行渐退帮扶政策，脱贫不脱钩，按原政策给予12

个月的低保金，残疾人适度延长。

（二）打好健康扶贫战：患病人口精准识别

自 2017 年以来，卫生健康局先后两次集中组织工作人员和县乡村三级医生统一深入全县 15 个乡镇 109 个自然村 655 个自然屯，逐乡逐镇、逐村逐屯、逐家逐户进行精准识别。2019 年 3 月，望奎县再次组织对 9914 户 25160 人贫困人口进行精准再识别，特别是建档立卡未脱贫人口 999 户 2292 人和建档立卡贫困人口中患病需救治的 11157 人的患病与治疗情况进行重点识别，并录入省健康扶贫综合管理系统；对识别出的大病规范化救治，按时间节点分期分批组织患者到定点医院进行集中救治，严格控制不合理医疗费用，救治率达到 100%。"发挥全系统集团的力量，局里的每个人包片、包乡镇、包村。如果你负责某一片或某个乡镇，你必须带领县乡村三级的医疗专家，逐乡、逐村、逐户、逐人进行筛查。这是全方位的大排查。慢性病进行诊断，大病统一到县医院集中救治。全县筛查慢性病贫困人口 9700 多人，全部都登记到账，签订服务单，常见病随时服务。通过这项工作，我们把望奎县涉及贫困人口的慢性病、日常病、大病全部都审查出来了，这是精准治疗的基础，也是我们县精准扶贫工作的重要任务。"（望奎县卫生健康局局长周硕）

（三）患病贫困人口的精准治疗："三个一批"与三级医生联系人制度

在对患病贫困人口精准识别的基础上，望奎县实行健康档案管理，精准救治，按照中央和省市"三个一批"（大病集中救治一批，慢性病签约服务管理一批，重病兜底保障一批）的工作要求，对患病人口进行分类救治。对患有白内障和先天性心脏病且符合免费救治政策、具备手术适应症的患者，确保 2019 年内全部完成救治工作。对农村建档立卡贫困人口，实现家庭医生签约服务全覆盖，签约率达到 100%，为贫困人口建立健康档案，提供健康教育等基本公共卫生服务，对高血压、糖尿病、结核病、严重精神障碍 4 种慢性病，一年四次规范化管理与服务，其他慢性病患者提供一年一次规范化的慢性病健康管理服务和健康教育指导。

建立县乡村三级医生联系人制度，每名因病致贫户均有一名县级医生、一名乡镇级医生和一名村级医生负责联系，并签订三级医生帮扶协议，进行健康指导，定期随访。县级医生一季度随访一次，乡镇级医生一个月随访一次，村级医生每周随访一次，随时汇报患病情况，为患病贫困人口中疑难重病患者打通绿色通道，逐级转诊，及时救治。"县乡村三级医生联系服务制度保证了我们的患者能够得到及时有效的服务，大病绿色通道直接可以救治，慢性病、常见病随时预约，县乡村三级一体。我们现在是两大医院，县医院 57 名专家，中医院 54 名专家，全县 109 个村，保证每个村都有一名专家负责。为了保障服务制度的落实，贫困户家家有联系卡，都贴在家里的墙上。比如说你是贫困户，在你家贫困户档案的联系卡上会有联系你的县级医院医生是谁，乡镇卫生院的医生是谁，村医是谁，还有他们所有人的手机号码。贫困户如果身体不舒服，随时可以打电话咨询，电话求医。除此之外，包括医疗救治、政策宣传，24 小时可以咨询联系医生。我们把服务直接送到老百姓手边，老百姓通过这个联系卡随时可以预约医生、预约医疗服务。"（望奎县卫生健康局局长周硕）同时，县人民医院和县中医院牵头，多次举办全县乡村医生实用技能和医疗技术培训班，提高基层卫生人员医疗服务能力，重点满足群众常见病、多发病的就医需求。同时，县级医院组织健康扶贫小分队入村宣传，为贫困患者提供医疗服务指导，为建档立卡贫困户进行免费健康体检，对发现的 101 名大病患者和 281 名县内可一次性手术治愈病人进行了集中救治，并实行兜底保障，对 8876 名慢性病患者进行健康指导。

（四）家门口的大医院与好专家："流动医院"

自 2015 年以来，望奎县中医院和县医院通过"流动医院"的方式送医下乡，定期进乡入村为农民开展诊疗服务。截至 2020 年底，"流动医院"已经走遍全县 109 个行政村，诊疗 36000 余人次，为贫困户节省费用 230 余万元。特别是 2017 年实施精准扶贫工作以来，望奎县中医院坚持至少每月下乡一次，通过乡镇卫生院和村医联系，或与村长、驻村工作队联系，根据不同乡镇、村屯的医疗需求，抽调不同科室医生，提供从简单的血压测量、血糖检测到复杂的心电图、彩超等现场医疗服务。送医上门，一来最大限度降低老百姓惧医情况，二来降低了老百姓就医的交通等成本，三来及时检查出老百姓的"小病"，及时治疗，防微杜渐，切实解决老百姓"看得上病"的就医需求。"我们的'流动医院'是按着赶集的时间，比方说火箭镇今天赶集，那就到火箭镇来，可以服务到的人、知道我们流动看病服务的人会多一些。我们中医院有治未病科，治未病科就是预防一些事情，包括我们常见的针灸，拔罐火疗理疗等中医实用技术，我们会派医生来做。"（望奎县中医院院长刘士义）仅 2019 年 4 月，望奎县中医院"流动医院"就下乡义诊 22 天，派出医生 28 人，张贴宣传标语 12 张，发放宣传单 5000 余张，义诊人数 4458 人次①。

三、"看得起病"：三管齐下，
筑牢百姓医疗保障防线

2017 年以来，为全面做好医疗救助专项扶贫工作，望奎县医疗

---

① 参见望奎县人民政府：《2019 年上半年望奎县中医院公益活动汇总》，2019 年 6 月 6 日，http://www.hlwangkui.gov.cn/ggfw/105946。

扶贫专项领导小组整合各个部门资源，出台了一系列旨在筑牢百姓医疗保障防线，提高农村贫困人口医疗保障水平的政策文件。围绕健康扶贫，2017 年制定了《望奎县医疗扶贫暂行办法》，并于 2019 年进行修订。围绕《望奎县医疗扶贫暂行办法》，医疗保障局深入推进医疗保障扶贫政策设计全覆盖，概括地讲主要有三点：一是从源头入手，提高贫困人口参保资助、门诊补偿、慢性病报销、住院报销、大病保险、医疗救助水平，切实减少老百姓的医疗支出。二是切实实行县、乡基本医疗保险定点医疗机构"先诊疗，后付费"的诊疗服务模式，贫困患者入院时不交押金，先由医院垫付 3000 元医疗费用，后按照每超过 3000 元，患者交纳 2000 元标准交费，出院时再结算个人应自负的医疗费用。2016 年 9 月，经过多方努力，黑龙江省首个"先诊疗，后付费"服务模式在望奎县中医院启动，解决了大多数农村家庭因贫困交不起住院押金、不敢去县医院看病或者东凑西借的窘境，减轻了贫困人口家庭经济负担，缓解了老百姓看病难、看病贵的问题。"原先，我们得了病，尤其是家庭条件不好的人得了病，都是硬挺着，实在挺不住了再去医院。现在有了'先诊疗，后付费'政策，农民感觉身体有不适的症状了，就来医院接受治疗。这种方式真是为我们这些困难患者解决了大问题，手里没钱也敢去住院，一是给我们时间去借钱，另外也不用借太多，出院时候，除去新农合报销的费用，我们就交个千八百的就行了，这个政策太让我们满意了。"[1]（卫星镇敏头村王炳仁屯村民王孝军）三是整合医疗保障局、卫生健康局、民政局、人寿保险公司等部门资源，实行"一站式"报销核算。在县级医院设立贫困人口"一站式"报销结算服务窗口，实现基本医保、大病保险、医疗救助、扶贫小额保险即时报销结算。按照《望奎县医疗扶贫暂行办法》，对贫困家庭患者住院治疗的，通过基

---

① 参见望奎县中医院：《先诊疗，后付费：一千零六十五人无失信——黑龙江省望奎县中医院"先诊疗，后付费"工作稳步开展》，2017 年 3 月 3 日，http://www.wkzyy.com/h-nd-650.html#_np=123_1881。

本医疗保险核销和大病保险补偿外的剩余个人自付合规费用大于3000 元的，低保户救助比例为 30%，扶贫户救助比例为 35%；剩余部分大于 30000 元的，符合重特大疾病救助标准，低保户救助比例为70%，扶贫户救助比例为 50%。经卫生部门认定的 9 种大病和 5 种县内可手术治愈疾病的贫困患者由县级医院集中救治，发生的政策内住院合规费用，先由社会医疗保险局按 85% 核销，核销后的费用超过大病保险核销起付线（6000 元）的，超出部分由人寿保险公司按55% 核销，核销后剩余部分由低保局按 50% 进行医疗救助，医疗救助后余下部分由社会医疗保险局按 75% 进行二次补偿，最后由低保局进行兜底救助。

三管齐下，从源头出发，望奎县医疗扶贫专项领导小组通过对贫困人口参保个人缴费部分由医疗救助资金给予资助，其中特困供养人员给予全额资助、其他人员给予 60% 的定额资助外，进一步提高门诊补偿、门诊慢性病报销、住院报销、大病保险、住院患者医疗救助、重特大疾病医疗救助等医疗保障水平，使贫困患者不怕得病，得了病看得起病。县、乡基本医疗保险定点医疗机构实行"先诊疗后付费"诊疗服务模式，县级医院设立贫困人口"一站式"报销结算服务窗口，这些政策不仅减少了老百姓前期医疗保障投入和日常医疗支出，也减轻了看病住院期间的资金压力与后顾之忧，为防止因病致贫、因病返贫筑牢了医疗保障防线。

四、"看得好病"：纵向医疗 防线，打造健康望奎县

为了筑牢健康扶贫的防线，望奎县不仅横向打通了部门、行业间的壁垒，同时着力打造纵向的医共体建设，完善城乡医疗服务体系，

实现县、乡、村三级医疗资源的优势互补与资源整合。2017年初，望奎县以两家县级医院为龙头，牵手17个乡镇卫生院和1个社区卫生服务中心，组建了黑龙江省内第一个县域医共体，实行下沉优质医疗资源、分级诊疗和双向转诊，结合望奎县部门间的医疗、医保政策组合拳，抓住了望奎县贫困的"牛鼻子"，不仅保证老百姓"看得了病"、"看得起病"，更要保证"看得好病"，有效缓解了望奎县因病致贫、因病返贫的情况。

（一）望奎县医共体简介

2017年，望奎县的因病致贫发生率为67.93%，为畅通县乡村医疗协作的动脉，望奎县成立了由县委书记为组长，县长、主管副县长为副组长、相关部门主要领导为成员的医共体建设工作领导小组，县卫健局设办公室，统筹谋划推进医共体建设工作。以望奎县两家县级医院为龙头，县中医院负责9个乡镇卫生院，县人民医院负责8个乡镇卫生院，从两家牵头医院抽调18名业务骨干，任乡镇卫生院专职副院长，从组织上联通县级医院与乡镇卫生院的组织网络，为创新开展医共体工作提供了有力组织保障。

同时，县政府在财力十分紧张的情况下为医疗设备投入600万元，两大医院又同时为17家共建单位投入400万元配备了450余台（套）基本医疗设备。三年来，望奎县共投资2.2亿元用于医院基础设施改造，包括新建县人民医院重点专科楼、改造中医院外科楼和脑病中心3座楼、改建3个乡镇卫生院。两大医院和基层医疗机构的基础设施得到了极大改善，为望奎县的医共体工作奠定了坚实的基础。通过医共体建设，实现医疗资源上下贯通、信息互通共享、业务高效协同，为贫困人口提供健康教育、疾病预防、慢性病管理、分级诊疗、康复指导等全方位全周期的卫生健康服务，让贫困患者得实惠。

三是明确对接关系，确保医疗服务无"死角"。按照"县级医院有多大，乡镇卫生院就有多大"的要求，两大医共体实行"十个统一"管理模式，即：统一组织管理、统一业务管理、统一资源共享、统一财务管理、统一信息化管理、统一医共体标牌、统一签订协议、统一下派专家、统一组建服务队、统一明确目标，实现"资源共享、双向转诊、预约诊疗、技术扶持、人员流动"的纵向合作。全力打造智慧医院，做到了工作同步、目标同向，让老百姓在家门口就能享受到县级医院高质量的服务，实现了大病不出县，多发病常见病不出乡，小病不出村的诊疗服务目标。经过这一系列医疗服务改造项目，望奎县域内就诊率达到90%以上。

（二）下沉优质医疗资源

2017年医共体成立以来，针对乡镇卫生院医疗资源匮乏，缺少检验和医疗影像检查设备等，由县政府和两家县级医院共同出资为17个乡镇卫生院配备了彩超机、DR数字化X线摄影机等基本的医疗设备，再通过现场培训、到县医院进修等途径，培养了一批医护人才，建立起了检验科、超声室、放射线科，解决了乡镇卫生院医疗设备短缺的困境。"没有医共体，人家也没有这种责任，你也没地方问人家，现在我们随时派出一个大夫，跟县医院相关科室说一下，就能去那个科室进修。"（火箭镇卫生院副院长姚德峰）

针对乡镇卫生院医生没有报告权，或者根本看不懂报告单这一问题，望奎县通过医共体建设，为县级医院和乡镇卫生院安装了医院信息系统、实验室信息管理系统、电子病历系统等信息化平台，完善网络和远程会诊系统建设，实现医疗信息、医疗资源共享。乡镇卫生院医生及村医在其客户端可以开据各种辅检申请，医院定时派救护车到乡镇卫生院接送患者来院检查，由专人导诊，走绿色通道，产生的费用回乡镇卫生院核销，乡镇卫生院可以直接打印检查检验结果胶片和报告①。

针对乡镇卫生院医疗人员技术薄弱、业务不精、不会操作医疗检查仪器的现状，望奎县政府双管齐下：一方面定期轮换派出业务骨干到县级医院进行进修学习培训，提高业务水平；另一方面县级医院每月派出医疗、护理、院管理人员到基层医疗卫生机构进行一次现场交流，开展医疗、护理和管理为主要内容的知识讲座，强化"技能传递"。

针对基层医疗机构管理和技术力量薄弱的现状，让县级医院骨干"坐镇"乡镇卫生院，负责医疗、科研工作，并参与行政管理，每周下派 1 名副高职称以上人员到乡镇卫生院进行坐诊巡诊、临床带教和业务培训，手把手教学培训，提高乡村两级医生一般性的检查诊断，帮助基层医疗卫生机构提升整体服务能力，让百姓在家门口就能享受到县级医生的诊疗服务。

医共体实施以来，打通了望奎县健康扶贫的保障线，全县共 17 家乡镇卫生院，分别归县人民医院和县中医院管理，例如县中医院负责 9 个乡镇卫生院，其中火箭镇卫生院负责火箭镇 8 个行政村的健康扶贫，1 个乡医加 3 个村医负责一个行政村，保证一个贫困户有一个帮扶责任人和一个健康扶贫的医疗团队，医疗团队包括县医、乡医和村医。工作队和帮扶责任人包扶贫，医生包疾病。

乡镇卫生院的作用第一是治疗病户；第二是桥梁纽带，往上转诊，小病不出村，头疼脑热的可以在村卫生室治疗的就在村里，稍微严重一点在乡镇卫生院，或者去中医院、县医院。"在乡镇卫生院住院治疗效果不好的，就通过医共体转诊到中医院。再有不明白，通过实施远程诊疗，联合会诊。每周一中医院脑病科室的范景海主任都会带着主治医师下来，带着我们查房、组织学习。以前也可以住院，稍

---

① 参见绥化新闻网：《望奎县组建"三位一体"医共体》，2017 年 9 月 7 日，http://mini.eastday.com/mobile/170907105016072.html。

微严重一点的马上就要转走，但是现在通过视频能解决的这边就解决了，乡镇卫生院开的检查单去中医院检查后，还能在这边继续治疗，费用也都走卫生院的账，这样可以多报销一点。例如，村里的肺心病患者，以前只能在乡镇卫生院开点药，缓解心衰，但是效果不好，有可能再转到县中医院住院治疗。现在不一样了，同样的患者，我们通过视频和县中医院对接一下，他们能指导我们给患者用药。患者去中医院做个肺 CT，可以再回来乡镇卫生院治疗，这里治疗报销比例高，精准扶贫户的医药费用报销比例最高可以达到 95%。老百姓也乐意在这里住院，但是我们有些检查跟不上，就去中医院做完检查之后再回来，这个非常好。我们现在就相当于中医院的一个部门。"（火箭镇卫生院院长张忠臣）

（三）实时远程会诊

有了专业的诊疗设备以后，为了更好地解决基层医务人员治疗中遇到的难题，县级医院与各乡镇卫生院均开通了实时远程会诊系统，遇有特殊情况和疑难杂症立即启动。县级医院各科室医生可以通过远程系统对乡镇卫生院进行远程会诊或远程指导，电子病历、电子处方等信息共享并互认，及时针对患者情况进行病情分析，实现急慢分治，确保在最短时间内为患者就医形成有效解决方案，让患者在基层就近就地治疗，减少费用支出。通过远程会诊，把乡镇卫生院变成县医院的一个个科室。"比如说，火箭镇卫生院就可以和我们院进行实时远程对话，它就像是我们医院的一个科室。我们医院一共有十个科室，正好我们管的是九家医院，急诊科不算数，每个科室的主任就是我们每个医共体的副院长，在他们办公室的桌子上都有远程医疗摄像头，如果火箭镇卫生院有问题了，这边就可以实时会诊。"（望奎县中医院院长刘士义）

通过实时远程会诊，县级医院各科室医生可以有效参与到乡镇卫生院患者的诊治中，通过多方会诊，解决老百姓的常见病、慢性病、突发病的治疗。对县级医院也诊治不了的患者，县人民医院邀请哈医大一院、二院的专家对患者进行远程会诊，一些疑难危重病人不需要出县，就能得到省级大医院专家的诊断和治疗，减轻了患者的经济负担。据统计，从开通医共体以来，由乡镇卫生院和村卫生所开据的核磁、彩超、化验等辅助检查共计为4205人次。截至2020年底，县级医院与上级医院远程会诊达175余次，与乡镇卫生院远程会诊达318余次。

（四）双向诊疗

乡镇卫生院受人才和设备的限制，部分检查、检验项目不能开展，患者只能到县级医院住院治疗，医药费核销比例和乡镇卫生院相比相差25%，为减轻患者医疗负担，医共体内部实行"基层开单、上级检查"，在乡镇卫生院办好住院手续后，医生开具处方通过信息系统上传至县级医院，县级医院派车接患者做检查后送回乡镇卫生院住院治疗。需要做检验的患者由乡镇卫生院采血，县级医院集中收集检验，检验报告单和影像资料在乡镇卫生院即可领取，患者享受乡镇卫生院诊疗的核销比例。

同时，大病、重病患者在县医院的重点科室治疗后，等病情稳定，可以转回乡镇医院进行后期治疗。截至2020年底，基层医疗机构向县级医院转诊病人3650人次，县级医院向基层医疗机构转诊病人2560人次，有效改善了"大医院人满为患、小医院门可罗雀"的状况，有效解决了群众"看病难"的问题。通过建设"医共体"，望奎县在医共体区域内初步形成了"小病首诊在基层、大病在县内、康复治疗回基层"的双向诊疗格局。

（五）开展签约服务，让患者"防得住病"

采取线上服务与线下签约相结合、县级医院与基层医疗机构相结合、专科医生和全科医生相结合的模式，组建家庭医生团队，开展基本医疗、公共卫生和健康管理等方面的家庭医生签约服务。通过家庭医生转诊到上级医院治疗的，免收挂号费，对签约患者简化转诊审批手续，提供优先接诊、优先检查、优先住院等服务，使家庭医生不仅是健康"守门人"，而且是就诊"引路人"。

"家庭医生"的出现让"上门问医"变成了"上门问病"。"医共体"组建了由医生、乡镇卫生院医生和村医组成的"家庭医生"团队，让诊疗服务迈进农户家门。《家庭医生签约服务协议书》规定村卫生室是签约服务的主体，乡村医生是签约服务的第一责任人，医生为签约农村居民提供基本医疗和基本公共卫生服务，"上门"的医疗服务打开了群众的家门，走进了群众的心里，打通了医疗服务的"最后一公里"。"老百姓治病方便了。现在有病了，村医到家就给看了，不行就能到卫生院来看，我们这边看不了，直接就给中医院打电话了，就送到中医院了，患者去了中医院，拿着转诊单，不用挂号，直接去看病就行了。"（火箭镇卫生院院长张忠臣）

五、"防得住病"：健康望奎县的基石

（一）健康促进行动

医共体实施以来，解决了患病老百姓的"看病难"、"看病贵"的问题，但是如何更好地防治结合，让老百姓少得病、少得大病呢？

围绕"防得住病"，望奎县开展了"贫困人口健康促进三年攻坚行动"，从提高贫困人口的健康意识入手，通过流动医院、家庭医生、《健康望奎》栏目、健康教育进乡村、进家庭、进学校的"三进"行动等活动提高老百姓的健康意识，防治于未然。

"做了医共体之后，我最大感受就是老百姓的健康和保健意识远远不够。比方说，最简单的一个腰疼，实际上他很早去治疗，用我们治病的方法去治疗，这个病可能早就好了。但是，病人每天都吃止痛片去维持不疼就可以了，并不是去医院治疗，小病拖成大病。所以我们去年下乡体检几次，我们就叫中医进社区、中医进乡村，效果不错。今年我们决定大面积做这事。我们在电视台三个频道里播《健康望奎》，去年做了6期，主要讲怎么用中医的方法去养生，比方说第一讲就是人怎么去锻炼身体，咱们存在很多锻炼误区，实际上，衣食住行这方面都有它的标准，我们今年就准备宣传健康知识。"（望奎县中医院院长刘士义）

在政策宣传上，望奎县以帮扶干部和基层医务人员入户进行"一对一"宣传为重点，采取印制政策宣传彩页、报销流程图，在乡镇卫生院和村卫生室设置宣传板，张贴标语、横幅等多种形式，全方位开展医疗扶贫政策宣传。在健康常识普及上，望奎县通过在县电视台播放《健康望奎》栏目，组建宣讲团入村开展科学饮食、科学用药、疾病预防等知识讲座，引导贫困户养成健康的生活方式，提高贫困人口健康素养。截至2020年底，共印发宣传单6.9万份，制作宣传图板258个，悬挂宣传标语269条，开展健康知识讲座287场，群众健康扶贫政策知晓率达90%以上，健康知识普及率达100%。

（二）中医进乡镇，中医进村屯

在防治贫困人口的慢性病方面，望奎县扎实推进中医进乡镇、中医进村屯。不同于"大操大办"的西医，国粹中医在治疗慢性病、健康养生方面具有突出作用。望奎县在推进医共体建设的过程中，也在大力推动中医治未病，中医防治病，为每个乡镇卫生院配备中医实用技术小设备，例如火罐、针灸、刮痧板等，从健康养生入手，防治贫困人口的慢性病、大病。在这样的过程中，中医养生风靡一时，火箭镇已经建成了县域第一家国医馆。

下一步，以望奎县中医院为首的医疗集团，还要以乡镇为单位，把高危人群和相关专家整合起来，运用现代通讯手段例如微信群，进一步缩小患者与医生之间的距离，打通老百姓看病难、看病贵的时间和空间壁垒，进一步提升望奎县老百姓的健康福祉。"比方说火箭镇这个范围内，它的村医、乡医和我们院的专家共同建一个微信群，群主就放到这个科室。火箭镇的群主就是我们内三科，叫心内科，然后把这些医生加到这群里边，通过微信就可以会诊了。但同时我们要把高危人群加到里边。什么是高危人群呢？比如说有高血压、心脏病的人，易得脑出血、脑梗塞的人。虽然他们得的都是慢性病，但是这种慢性病一旦急性发作就会有生命危险，比方说心梗。"（望奎县中医院院长刘士义）

六、教育扶贫做提升

望奎崇文重教、文化底蕴深厚，是全国文明县城、中华诗词之县、中国书法之乡、中国民间文化艺术之乡和全国平安建设先进县。根据县域财政实力，望奎县是黑龙江省的"十弱县"之一，然而，望奎县委县政府始终坚持把"再穷不能穷教育、再苦不能苦孩子"作为"科教兴县"的战略性工程，不仅积极通过"五免、五补、一贷、一帮"资助政策、"学生营养改善计划"、"重视特殊教育发展"等措施改善贫困学生面对的教育贫困问题，也大力改善基础设施建设、优化教师队伍结构和加强师德师风建设等措施，使得全县教育事业得到长足、稳定的发展。"家庭内是否有因经济原因而辍学的学龄儿童、放弃就读高中或大学的子女"是"两不愁三保障"是否实现的重要标准之一，教育扶贫的作用与贡献在望奎县的脱贫攻坚过程中不可忽视与磨灭。总体上，望奎县的教育扶贫做到了严守底线、稳中有升。

望奎县教育体育局现有工作人员 51 人，副科级以上干部 9 人，股级干部 16 人，科员 26 人。为切实做好教育扶贫的脱贫攻坚工作，2017 年，望奎县教育体育局组建了学生资助管理中心，具体负责教育扶贫工作，其主要工作职能包括：负责贯彻执行国家和省有关教育工作的法律法规、方针政策，拟定全县教育改革发展战略，并监督实施。具体负责教育工作的统筹规划管理，指导教育教学改革，推进义务教育科学发展和保障教育公平，负责本部门经费管理，指导全县各级各类学校开展教育工作，主管全县教师工作，负责贯彻落实语言文字工作。负责教育信息化建设以及学校的安全稳定工作。

为精准完成教育扶贫任务，望奎县教育体育局主动充实教育扶贫力量，把各学校校长纳入教育扶贫工作领导小组，并将教育扶贫工作列为全局重点工作加以推进，采取局长负总责、常务局长具体抓、资助中心具体负责统筹协调、各学校全力配合的办法，全面贯彻落实国家、省市县扶贫工作任务，形成全系统干部教师人人参与扶贫工作的格局。

（一）精准识别贫困生、实行"五免、五补、一贷、一帮"

黑龙江省教育厅、财政厅等部门联合印发的《黑龙江省家庭经济困难学生认定办法》共界定了八类贫困生，即：建档立卡家庭经济困难学生、城乡特困供养人员（学生）、城乡最低生活保障家庭学生、孤儿、家庭经济困难残疾学生及残疾人（含残疾军人）子女、烈士子女、城乡低收入家庭学生、其他类型家庭经济困难学生（如家庭遭受重大自然灾害、重大突发意外事件或共同生活的家庭成员遭受重大疾病等）。

为做到对贫困学生的精准识别、精准帮扶与动态管理，2015 年初，望奎县建立贫困学生信息台账，录入电子信息库，由资助中心负责管理。每半年，贫困学生的电子信息与国家扶贫信息库和学校核对一次。望奎县教育体育局与扶贫办建立了顺畅的扶贫资助业务对接机制。扶贫办每半年向教育体育局提供一次农村贫困家庭信息数据，教育体育局据此数据实时更新贫困生电子数据库和信息台账，确保教育扶贫政策的精准落实与动态化管理，做到让符合政策的贫困生都能应享尽享，做到政策落实不落一人。

贫困生精准识别的工作量不亚于贫困户的精准识别。望奎县共有109 个行政村、600 多个自然屯，几乎每个自然屯都有贫困生。同时，贫困生与贫困家庭不一定是完全对应的，非精准扶贫覆盖的家庭，也可能存在贫困生，这就需要在"农村贫困家庭信息数据"的基础上，通过实地调研走访进行补充、排查。望奎县的具体做法是，以学校为单位包村镇，派人到村去挨家挨户核实三个问题：是否有在读学生、在读学生的就读年级、是否属于贫困生。在信息核实过程中，他们同时向农户发放"教育扶贫知识宣传单"，并讲解相关政策。望奎县教育体育局设有学生资助管理中心，每个学校也都有专门负责资助工作排查、核实、发放等工作的老师，确保教育扶贫的精准识别与动态管理。

在确保识别精准的基础上，望奎县教育体育局根据上级教育扶贫政策、结合本地实际，制定了有针对性的精准教育扶贫政策，对建档立卡贫困家庭学生实行"五免、五补、一贷、一帮"扶贫政策。

"五免"即免除农村建档立卡贫困家庭幼儿公办园入园费；免除

农村义务教育阶段学生午餐费；免除高中学生学杂费；免除残疾儿童特殊教育入学费；免除职业高中学生学杂费。

"五补"即对建档立卡贫困家庭入园幼儿发放入园补助；对义务教育阶段建档立卡贫困家庭中小学寄宿生发放贫困寄宿生补助；对建档立卡贫困家庭高中学生发放贫困寄宿生补助；对就读职业高中的建档立卡贫困家庭学生发放职业教育补助；对高考考入省内外院校的建档立卡贫困家庭大学生发放路费补助。

"一贷"指对当年被全日制大专以上学校录取的贫困家庭大学生办理国家生源地信用助学贷款。

"一帮"指积极争取社会捐助和救助。在资助过程中，采取学生自主申报、学校审核公示、资助中心大数据筛查和实地踏查等办法，逐一进行核准备案，最后通过银行一卡通将资助款打到贫困生家长或贫困生的银行卡中，确保每一个需要资助的贫困生都能得到资助，每一笔资金都能发放到贫困生手中，实现了建档立卡贫困家庭学生资助全覆盖。

2015年至今，望奎县在教育扶贫方面投入可观，且贫困学生均受益。五年期间，望奎县共资助建档立卡贫困生17563人，年均3512人，发放各类补助合计1513.85万元，共免除入园费、午餐费、普通高中和职业高中学杂费、残疾儿童特殊教育入学费等合计553.37万元，办理助学贷款1271.43万元。截至目前，建档立卡贫困家庭学生已全部脱贫，但"脱贫不脱政策"，这类学生仍然享受"五免、五补、一贷"扶贫政策。

望奎县教育体育局近年来也加大了对"一帮"的宣传与利用。2018年底，望奎县教育体育局向全县的企业家发送了"致企业家一封信"，期望企业家们为教育事业献爱心、作贡献，并且得到了积极的回应，取得了良好的效果。企业家王君华的父亲在"文化大革命"期间曾是望奎县下乡知青，得到望奎县老百姓的许多关照，因此他2016年在望奎县设立了"数字基金"，每年捐赠26万元用于资助先锋中学贫困生和高中贫困生。王君华对教育局提出要求，这个钱一定要用好、绝对不要出现问题。教育局专门为此基金建档，每年获得资助的孩子都要经过公示，且补助发放过程有照片、有学生签字。每学期末，王君华都会抽时间到学校看望孩子们，和孩子们聊天。有一个孩子说："（王君华）送了我很多书，我都在书上写下了谁送的，即使都看完了也好好在家保存着。就算以后我当农民，也要做个有良心的农民，把地种好。以后我长大了也要为社会作贡献。"每次探望完孩子们，他离开的时候，很多家长不让他走，热情邀请他去家里吃饭。每年高考结束时，王君华也会专门从重点高校请教授来给孩子们做讲座，为孩子们解答各种升学问题，例如学习不好的面临啥，学习好的选择啥，上高职的选择什么学校，省内高校还是省外高校，什么专业比较好就业，等等。一颗感恩的心，不仅温暖了学子的心，更鼓舞了一批贫困子弟要好好学习、努力工作的决心，从根本上阻断了贫困的代际传递。

望奎县的教育扶贫，客观地看，投入力度较大，覆盖人数更广，比国家规定标准要高。例如，"五免"中的"免除高中学生学杂费"就是典型案例。尽管望奎县域财政实力在黑龙江全省属于"十弱县"，但为了体现对教育发展和人才培养工作的重视，它们在全省率先免除高中阶段学生学杂费。1998 年，望奎县顺利通过国家"两基"验收，基本普及了九年义务教育。经过 14 年的发展，到 2012 年，望奎县的 2 所普通高中和 1 所职业高中的基础设施和办学规模已经能够满足在全县普及高中教育的条件，初中毕业生基本全部升入高中就读。因此，2012 年秋季学期，望奎县在全省率先免除高中阶段学生学杂费，实现了义务教育与高中教育的有效衔接。九年义务教育经费由国家转移支付和县财政予以保障，高中教育经费则完全由县级财政承担，确保九年义务教育与三年高中教育顺利实施，仅高中阶段学生学杂费一项，县财政每年就要支出 300 万元左右。从 2015 年开始至 2020 年，望奎县财政累计拨付教育经费 33.36 亿元，其中 2015 年

5.2 亿元、2016 年 5.3 亿元、2017 年 5.8 亿元、2018 年 5.8 亿元、2019 年 5.8 亿元、2020 年 5.46 亿元，切实保证了十二年义务教育的办学需求。

（二）"学生营养改善计划" 助力教育扶贫

作为大兴安岭南麓集中连片贫困地区的贫困县，2012 年 9 月，望奎县成为第一批学生营养改善计划全国试点县。为切实保障学生营养改善计划实施，按照《关于实施农村义务教育学生营养改善计划的意见》（国办发〔2011〕54 号）和黑龙江省人民政府办公厅《关于农村义务教育学生营养改善的实施意见》（黑政办发〔2012〕23 号）文件精神和总体部署，结合全县农村中小学校实际情况，望奎县教育主管部门先后制定了《望奎县义务教育阶段学生营养改善计划实施方案》《望奎县食堂管理暂行办法》《望奎县农村义务教育学生营养改善计划财务管理制度（试行）》等相关政策，明确了计划实施的范围和主要内容及实施步骤，成立了由县长任组长，县政府主管，财政、教育和食品药品监督管理局等 19 个部门协同配合的领导组织。各部门准确把握政策内涵，强化安全意识，明确职责分工，结合中小学电子学籍，按政策确定营养改善计划实施对象，加强学生人数的监管，确保该享受的学生一定要享受到，享受的标准一定要享受够，并且在安全等方面达到完全保障。

望奎县以提高学生健康水平为目标，按照"安全、规范、全面"实施的要求，通过实地调研、代表论证、政府审批的方式，采取公开招标采购的办法，启动实施了"学生营养改善计划"（也称"营养奶计划"），农村学生上学期间每人每天免费发放一盒饮用奶。2012 年 10 月 10 日，县教育体育局作为采购方与中标企业黑龙江璐然食品有限责任公司正式签订了学生饮用奶采购合同。为确保营养奶在接收、保管、发放等各个环节安全可控，望奎县对学校校长、主管副校长、专管员和微机员进行业务培训，同时，研究制定营养奶验收制度、保管制度、发放与饮用制度、档案管理制度及安全保障和应急处理制度，与各个学校签订了实施"学生饮用奶安全"责任状。在严把学生奶接收关的同时，建立健全了突发事件应急处理机制，例如，一旦出现学生饮用奶安全突发事件，在1小时之内，向卫生、教育等部门报告、封存现场等。

2014年初，黑龙江省政府要求将免费发放饮用奶改为免费提供午餐，望奎县结合全县农村中小学实际，不断加大农村学校食堂建设资金投入力度，以此实现学生营养餐的多样化，改变学生单一的饮奶模式。为了加快食堂供餐进程，2014年底投资300多万元，通过政府集中采购方式，统一为学校配齐了食堂设备，从2015年陆续开始投入使用，2016年实现全部开餐，学生中午全部免费就餐。食堂经营所需的水电、煤气和人员工资均由县财政承担，国家拨付给每个学生每天的4元伙食费全部用在了学生的伙食上，不仅保证了学生营养均衡，也进一步减轻了农村家庭培养学生的教育负担，让每一个有学生的家庭平均每年减少教育支出1500元，为建档立卡贫困家庭脱贫解困减少牵绊。"黑龙江省一共11个试点县，2012年开始，实行食堂改造计划。那个时候望奎县的学校都没有食堂。建食堂，国家有项目，拨付一半资金，地方配套一半。2014年我们开始建设，2015年投入使用，2016年建成农村学校28个食堂。原先国家没有这个项目，以前叫'蛋奶工程'，这个项目覆盖农村义务教育阶段。后来教育局考虑喝奶、吃鸡蛋也不是完全营养。一个学校好几百人需要好几百个鸡蛋，不可能从一家购买，有的新鲜有的不新鲜，掺到一起，食品安全责任不好监管，牛奶买一家的容易监管。中午吃饭还是要花钱，一天还是要6—7元钱。后来教育局安排每天的午餐两菜一饭，4元钱一份，每天几乎不重样，比自己家吃得还好。这4元钱只是食材成本，水电、人员工资、管理的成本在4元之外，由县财政承担，水电费从学校的经费里扣除。这项教育支持措施，全县老百姓都非常满

意，没有一个说不好的。"（望奎县教育局副局长任临旭）

在此期间，望奎县落实新建农村义务教育学校食堂建设项目 28 个，建筑总面积 26979 平方米，总投资 5540 万元，其中先后使用中央资金 2770 万元和地方自筹资金 2770 万元，使每个乡镇中学、中心小学都有了食堂餐厅，大大改善了学生的就餐条件。

然而，在学生营养改善计划实施过程中，也遇到了一些困难，如食堂运营资金和人员工资问题，因为学生的伙食补贴是专项资金，必须专款专用，不能挤占和挪用，所以食堂的水电、煤气和人员工资支出成了大问题。如果这些问题得不到解决，学生营养改善计划的实施也就成为了空谈，后经反复沟通、多方协调，最终县委批示，将这部分资金纳入县财政预算，由县财政给学校拨付，这为学生营养计划的实施提供了坚实的保障。自 2015 年至 2020 年，望奎县财政投入学生营养改善计划专项资金不断增长，从 848 万元最高涨至 2020 年的 1715.2 万元，已经翻番。六年来，望奎县财政共计投入资金 8866.4 万元，用于学生营养改善计划。从"营养奶"到"免费午餐"，望奎县的学生营养改善计划取得了明显成效，覆盖了全县所有农村义务教育学校，惠及了农村所有学生。

（三）"特教"与"送教"为特殊贫困生兜底

因病致贫是望奎县贫困户致贫的主要原因之一，而"病"并不仅仅限于成年人，少数学龄儿童与青少年也为"病"所困，尤其是为"残"所困。据不完全统计，残疾学生与贫困学生的交错比率较高，约为 30% 左右。一些农村家庭也因子女的残疾而致贫。根据残疾类型与程度，这些残疾学龄儿童或青少年分散在普通学校、特殊教育学校接受教育，而重度残疾的学生甚至失去了接受学校教育的机会。尽量让每个家庭贫困的残疾学生享受到同样质量的教育，是望奎县相关职能部门十分重视的事情。

望奎县教育体育局组织各学校对全县各级各类残疾儿童进行登记注册，用"一人一案"的模式为每个残疾儿童建立起个人档案，根据各自的实际情况确定不同的教育方式，保证他们的生活学习能正常进行。目前，望奎县适龄三残（智残、体残、肢残）儿童共 278 人，其中，有 3 名儿童因病去世；有 8 名儿童因随家迁出等原因暂时失去联系；有 85 名学生随班就读；有 57 名学生在特教学校上学，享受正常的义务教育；而另外 125 名学生则为重度残疾儿童，需要送教上门。为满足重度残疾儿童享受义务教育的需要，望奎县教育体育局成立了专门的教师队伍开展送教上门工作，并为其进行康复训练、指导。"县内特殊教育学校里注册学籍的有 191 名残疾儿童。这些孩子在特教学校里吃住比家里都好，所有的吃住都是免费的，包括水果和校服都是免费的。国家给特教学校生均支持经费为 6000 元，义务教育阶段生均经费只有 600—700 元。这方面家庭的孩子基本都是贫困户，因为他们的父母就是有不正常的，过日子本身智力不够；再一个家庭方面这个孩子是治不好的，出不去就只能留在农村，到特教学校里上学的基本都是生活能自理的，老师能协助处理。但是生活不能自理的，在学校老师还达不到完全照顾的程度，所以只能在家。全县残疾学生，除了在特教学校的 191 人，在普通学校上学的有 62 人，剩下的 129 人就在家，分布在全县 15 个乡镇。针对这些儿童，学校安排送教上门，每个孩子一个月需要见一次面。特教有专门的老师，天天下乡，他们需要结合孩子的需要进行教学。其实残疾程度比较严重、不能上学的孩子在家里面很让人头疼的。智障的孩子今天教会1+1，明天就忘了。老师就结合他们的实际，这些孩子有很多认知能力差，比如有一户就给他们摆上土豆。老师去家里，先看这个孩子的认知能力，这个孩子很多东西不认识，饿了就给他弄点吃的，玩的话傻乎乎自己玩，老师去带一些图片给孩子看，看智商到什么程度。这个孩子有心脏病还有唐氏综合征，从开始认识土豆，看完土豆后就领着他去厨房，告诉家长准备好放几样东西，看孩子是否能够识别出来，这个孩子还真认出来了。那天任局长让这个家长给他讲这个事，孩子家长都哭了。老师去了几次后，这个孩子认出来的东西比之前多很多了，能够识别一些用的和吃的东西。这个老师如果长时间不去，这个孩子就和家长闹，就想要老师来。"（望奎县教育局副局长任临旭）此外，由教育局主管、主管副局长主抓、特殊教育学校与普校随班就读教师共同参与的教育教学网络已基本形成，使望奎县的适龄三残儿童入学率达到 97.04%。

望奎县特殊教育学校成立于 1959 年 9 月，原名为望奎县聋哑学校，1999 年 3 月更名为望奎县特殊教育学校。一直以来，望奎县政府高度重视特殊教育事业的发展，于 2013 年投资了 370 万元建成了现在使用的学校，校园占地面积 5300 平方米、校舍面积 2300 平方米。2014—2015 年连续两年又投资了 200 万元，完善了附属工程和功能教室，包括语训室、微机室、心理辅导室、体育康复室、沙盘游戏室、听力智力检测室、感统训练室、劳技室、情景教室、美术教室、律动室、档案室、科技实验室、多功能教室等。尽管个别教室面积不足，但按标准配备了相应的仪器设备，可以满足现有在校学生的需要。望奎县特殊教育学校是望奎县唯一一所专门针对残疾少年儿童进行义务教育、康复训练的公办全日制寄宿学校。

望奎县政府每年按省特教学校"两免一补"资金安排及时拨转到位，符合国家、省有关文件规定，学校基础建设专项经费纳入财政预算，学校的办公经费按每生每年 6000 元的标准足额发放。学生补助政策落实到位，每生每年 1750 元的寄宿生补助，通过县财政全额发到家长提供的农村信用社账户之中。学生全免费入学，学生的伙食、生活用品、校服、文化用品、洗澡、理发、每日水果等均免费提供。

对有残疾学龄儿童的家庭而言，不仅要承受一定的物质负担，而且要承担巨大的心理与精神压力，而适龄儿童的教育问题，则是更让家庭为难的事情，因为很少有家庭能够给出适当的教育。因此，特殊教育学校与送教上门对于此类儿童及其家庭而言，无疑作用是显著的，其蕴涵的教育公平的意义更为浓重。

以专门的特殊教育学校为骨干，以送教上门为辅，以普通学校随班就读为主的特殊教育格局已经在望奎县基本形成。望奎县委县政府高度重视特殊教育工作，将特殊教育作为基础教育的重要组成部分，纳入基础教育发展的总体规划，教育体育局派一名副局长分管全县特殊教育发展工作，不定时深入学校，检查督促特教工作的开展落实情况，并把检查结果作为教育体育局评估考核的依据之一。这些都促使其做到了全面保障残疾学生的受教育权利。

（四）严守底线、稳中有升的望奎县教育扶贫

实施乡村振兴战略、实现城乡均衡发展，就必须打赢脱贫攻坚战，在这场攻坚战中，阻断贫困代际传递，是教育必须承担的任务。望奎县严格落实各项教育优惠政策，践行教育公平理念、切实保障学生利益，严守底线、稳中有升。

在教育精准脱贫的过程中，在做到精准识别的基础上，坚决贯彻执行国家政策，并结合地方实际，提升了人们的幸福感。总体看来，以下几点尤为突出：一是实行"五免、五补、一贷、一帮"政策，其中，从 2012 年开始，望奎县率先在全省范围内免除高中学杂费，不仅减轻了学生家长的负担，更无形中减轻了贫困生这一标签可能对部分学生所造成的区隔与影响。二是自 2012 年实施贫困地区学生营养改善计划以来，认真落实上级政策，积极实施营养改善计划，并积极探求满足学生更高需求的路径，从"营养奶"到"免费午餐"，饱含着对学生的关爱。学生营养改善计划的试点实施，为望奎县这样的集中连片特殊困难地区实施"科教兴县"战略注入了正能量，为这里的广大农村娃享受到和城里孩子一样均衡的教育奠定了基础，营养改善计划等对欠发达地区教育事业作出了强力支持。三是深入实施特

殊教育与送教服务，三年来共投资 130 多万元用于改善特教学校办学条件，狠抓"一人一案"推进落实，确保每名残疾儿童青少年都能接受义务教育，不因残疾学生总体数量较少而放弃一人，这才是真正的教育公平之体现。

第六章

**产业基因的重组：
望奎县产业扶贫的实践**

精准扶贫重在精准发力，重在产业扶贫，要想落实精准扶贫的各项工作，抓好产业扶贫是关键。产业扶贫在精准扶贫中有着不可替代的作用，要想实现贫困户脱贫、贫困村出列、贫困县摘帽，产业是关键。产业扶持脱贫是精准扶贫、精准脱贫的必由之路和根本之策。望奎县委县政府高度重视农业产业扶贫工作，专门成立了主要领导为组长的工作领导小组，结合县资源优势、区位特点和产业基础，统筹衔接脱贫攻坚、现代农业等规划，形成具有区域特色的产业体系和支柱产业，把各项扶贫措施、扶贫资源与贫困户的需求、发展潜力更好地对接起来，确保贫困人口精准受益。

一、产业发展在精准扶贫中的作用和意义

产业扶贫是《中共中央国务院关于打赢脱贫攻坚战的决定》中"五个一批"的脱贫措施的重要一环，是为打通脱贫"最后一公里"开出的破题药方，同时也是《中共中央国务院关于打赢脱贫攻坚战三年行动的指导意见》中强化到村到户到人精准帮扶举措的首要任务。指导意见提出，产业扶贫不仅需要贫困地区优先发展和积极培育特色农业相关产业，也需要通过一二三产业的协调发展带动贫困村与贫困户脱贫。产业扶贫不仅仅需要拓宽现有的传统农产品营销渠道，通过批发超市、网络电商、供销邮政企业等市场主体与贫困村建立长

期稳定的产销关系，也需要创新贫困户与市场连接的机制，通过以购代捐等形式建立新的农产品销售模式。产业扶贫不仅仅需要发挥农业龙头企业、农民专业合作社的带头引领作用，也需要完善新型农业经营主体与贫困户联动发展的利益联结机制，以各种方式因地、因人制宜地建立实现贫困户与现代农业发展有机衔接。产业扶贫不仅仅需要积极推动贫困地区农村资源变资产、资金变股金、农民变股东改革，制定实施贫困地区集体经济薄弱村发展提升计划，通过盘活集体资源、入股或参股、量化资产收益等渠道增加集体经济收入，也需要规范和推动资产收益扶贫工作，确保贫困村、贫困户获得稳定收益。可以看到，产业扶贫的内容丰富、形式多样，各地如何能够根据自身的资源禀赋和优势特征，凝练出具有当地特点的产业扶贫模式和体系，是精准扶贫工作中，能否实现到村到户到人的精准帮扶举措，进而打赢脱贫攻坚战的关键。

产业扶贫不仅仅是精准扶贫、精准脱贫的硬抓手，对贫困户持续、稳定脱贫具有重要意义，同时也是统领县域经济社会发展，实现乡村振兴的关键所在。总体而言，产业扶贫可以从以下三个层面上，助力脱贫攻坚战取得胜利。

第一，产业扶贫通过发展生产，奠定贫困户脱贫的物质基础。通过扶贫开发，壮大和发展相关优势产业，将资源优势转化为贫困群众的收入，建立农民收入稳定和增长的支点，保障脱贫攻坚任务的顺利完成。贫困地区往往面临着缺乏主导产业，优势产业不强，总体经济发展滞后等一系列问题，如果没有产业的发展和振兴，贫困人口的脱贫则成了无水之源、无本之木，扶贫的效果就很难显现，难以实现"造血"的目标。因此，必须依靠产业扶贫，在贫困地区确立优势产业，通过适宜的方式将贫困人口与产业发展有机衔接，才能为脱贫攻坚事业奠定坚实的基础。

第二，产业扶贫通过重塑贫困户与市场连接的机制，完善了贫困户脱贫的体制保障。在传统市场中，贫困户往往被排斥、处于不利的地位，难以获取经济发展所带来的收益。通过产业发展培育新型的农业生产经营主体，并建立与贫困户的利益连接机制，以及建立新型的有利于农业生产者的农产品交易模式，贫困户的持续增收才能有所保障。

第三，产业扶贫通过激活村集体经济，为贫困户的可持续脱贫提供了有力支撑。在脱贫攻坚取得阶段性成果的基础上，若要保证2020年后贫困户不返贫并且没有新的贫困户出现，则必须不断增强村集体的经济实力，让村集体成为广大村民迈向小康路上的坚强后盾。对于那些丧失劳动能力的村民而言，通过资产收益和村集体分红获取收入，是国家政策兜底之外的另一重保障。产业扶贫能够重新激活并壮大集体经济，增强村集体经济组织的活力，为长效稳定脱贫保驾护航。

二、望奎县产业扶贫的根基和面临的挑战

产业扶贫是稳定脱贫的根本之策，通过产业增收是脱贫攻坚的主要途径和长久之策。如何利用当地的资源和条件发展产业，进而带动贫困户脱贫，乃至统领县域经济社会发展全局，成为了望奎县进行产业扶贫之初就在深入思考的问题。凡事预则立，不预则废，望奎县委县政府从宏观入手，仔细分析了当地经济发展的根基和优势，对于产业发展中可能面临的问题，深入探讨、长远谋划，为产业扶贫取得显著成效奠定了坚实的基础。

（一）产业扶贫的根基

首先来看望奎县发展产业的基础和优势何在。从全国范围内来

看，望奎县地处黑龙江省腹地，远离东南沿海经济发达地区，冬季气候寒冷，不利于人们外出活动。与那些经济发达地区相比，发展产业的各方面条件似乎都有欠缺。而相对于"三区三州"等深度贫困地区，望奎县又有着明显的特色和优势来发展产业。这些优势简而言之，就是"黑土地的馈赠"。

望奎县位于小兴安岭西南边缘过渡地带，是绥化寒地黑土特色农业物产中心区。望奎县发展产业的根基在于以下几个方面。第一，相对良好的区位优势。望奎地处黑龙江省中部，位于哈尔滨市和大庆市一个半小时经济圈，离绥化仅有 50 公里路程。哈伊、哈黑、绥安、伊四公路环绕四周，绥北高速穿境而过，交通比较便利。随着高速路网的建设，望奎已经融入哈尔滨和大庆一小时经济圈，同时具备辐射内蒙古、俄罗斯的市场优势。第二，丰富的资源优势。县境三面环河，东、南沿克音河、诺敏河、呼兰河与绥化市北林区邻接，西南倚呼兰河与兰西县毗连，西部隔通肯河与青冈县相望，北部陆路与海伦市接壤。全县耕地面积 256.2 万亩，人均耕地面积 6 亩以上，森林覆盖率达到 14.6%，林木资源储量达到 100 万立方米，是国家三北防护林建设先进县、全省造林绿化工作先进县、全省三年大造林先进县。全县境内森林茂密，河流纵横，风光秀丽，没有工业污染，土壤、水源、大气优良，是世界上少有的无污染的净土。望奎县土壤分为黑土、草甸土两种类型，土壤有机质含量较高，约 3.1%—3.6%，pH 值 7 左右。无霜期为 128 天，年平均日照时间为 2650 小时，积温在 2600℃—2800℃，四季气候变化明显，昼夜温差大，雨热同期，光热资源充足，利于农作物碳水化合物和蛋白质的合成。农牧资源丰富，种植业主要以玉米、水稻、大豆、杂粮等为主，特色经济作物主要有马铃薯、烤烟、万寿菊、瓜菜等。第三，历史悠久的农业产业。望奎是全国粮食生产先进县，全国生猪养殖大县，拥有全国第一个薯类商标"黄麻子"土豆，高贤老酒获得中华百年老字号产品。生猪、马铃薯、大米均获得国家地理保护产品。

值得强调的是，望奎县的生猪养殖产业具有长久的历史，是"直线育肥"养猪的起源地。全县生猪饲养量连续多年居黑龙江省首位，是全国第一个荣获"中国瘦肉型生猪之乡"称号的县。望奎县地处松嫩平原腹地寒地黑土特色农作物产中心地带，独特的自然环境和盛产优质商品粮的有利条件，使得瘦肉型生猪养殖很早就在此地起步。1986年，望奎县被纳入国家级商品瘦肉型猪基地县。当时，随着农业产业结构调整，望奎县把粮食生产和生猪生产作为发展农村经济的两大优势，提出了"增粮重牧"的农村经济发展战略。进入20世纪90年代，望奎县多次被评为全省畜牧生产先进单位，培育了一大批养猪专业户、养猪专业村，并与多家肉类食品加工企业签订销售合同。2004年，在望奎县委县政府的积极争取下，黑龙江省望奎北大荒肉业有限公司开业投产，牵动望奎生猪产业化进入一个崭新的发展阶段。2008年，中国著名肉食品屠宰加工企业双汇集团落户望奎，与原望奎北大荒肉业公司强强联合，更名为望奎双汇北大荒食品有限公司，并新上马一套熟食生产线，拉动基地农户增收。以双汇北大荒食品公司为代表的肉食品加工业成为了望奎的立县产业。

（二）产业扶贫面临的挑战

得天独厚的自然环境，使得望奎县的农业生产具有突出优势，也使得当地百姓的生活在满足了基本的吃穿需求，解决了生存层面的困境后，难以获得更高的发展。从望奎县的产业结构来看，农业在产业结构中比例巨大，优势明显。农用耕地面积尽管人均占有量较多，但无法增加，普通大宗农产品价格基本稳定，所以产值基本上是固定的，结构可能每年都在调整，但是变化不大，是一个"常量"。而相对于其他经济发达地区，望奎县的第二产业和第三产业发展滞后，在县域经济的巩固提升方面拥有较大的潜力。如何将第一产业这一"常量"，通过结构的重组和产业链的延伸，成为"变量"和"增量"，是摆在望奎县产业发展道路上首要解决的问题。

对于精准扶贫工作来说，产业的发展又面临着许多新的挑战，具体来看，望奎县发展壮大县域经济，做大做强扶贫产业过程中，所面临的挑战包括以下几个方面。

第一，如何选择合适的产业进行发展。脱贫攻坚战开展以来，大量的扶贫资金用于产业发展，全国各地农村地区都依托政府政策和资金的支持，建立和发展产业，为脱贫攻坚提供支撑。然而，在这一过程中所暴露的一个突出问题，就是如何在选择产业进行发展的过程中，避免产业发展"一窝蜂"，防止产业选择盲目跟风，最终由于重复性产业大量上马，导致市场供大于求，所生产的产品无法找到市场，或者价格低于成本，造成产业扶贫资金的损失和浪费。

第二，如何保证产业项目发展的可持续性。习近平总书记指出："产业扶贫是稳定脱贫的根本之策，但现在大部分地区产业扶贫措施比较重视短平快，考虑长期效益、稳定增收不够，很难做到长期有效。"[1] 由于有大量的产业资金以及相关扶贫政策的支持，产业扶贫项目在建立之初往往能够带来效益，见效快。但当脱贫攻坚战收官之后，脱离了政策和资金的支持，这些产业项目能否继续长期实现"造血"功能，为贫困人口带来稳定的收益，是包括望奎在内的各地政府都需要研究的问题。

第三，如何建立产业扶贫的利益联结机制。产业的扶持发展离不开农民合作社、家庭农场等新型经营主体的引领和相关企业的带动，使新型经营主体愿意参与到脱贫攻坚战中来，让外来企业愿意来、留得住，需要不断探索将产业扶持和精准扶贫有机结合的方式方法，要让经营者在获取市场盈利和实现社会价值之间，寻求联结和平衡。

---

① 习近平：《在打好精准脱贫攻坚战座谈会上的讲话》，人民出版社 2020 年版，第 13 页。

第四，如何做到产业扶贫中扶贫和扶志相结合。"贫困群众是扶贫攻坚的对象，更是脱贫致富的主体。"① 如果在发展产业过程中，不注重调动群众的积极性、主动性、创造性，就会助长"等靠要"的思想，甚至在贫困户之间、贫困户与非贫困户之间造成新的矛盾，使党的好政策变成养懒人的政策。因此，在产业扶贫过程中，能否将产业的发展与贫困户脱贫志向的塑造有机结合，通过让有条件、有能力的贫困户参与产业发展，引导他们树立"宁愿苦干、不愿苦熬"的观念，通过自己的双手和努力改变贫困落后的面貌，是对望奎县产业扶贫提出的更高层次的要求。

三、黑土地的大农业与小农户：望奎县产业扶贫的举措与成效

长期以来，望奎县委县政府高度重视扶贫开发工作，始终将产业发展和振兴作为扶贫工作的重中之重，根据县域内资源禀赋和经济状况，谋划产业长期发展的思路。扶贫攻坚战开展以来，望奎县牢牢把握稳中求进工作总基调，认真践行新发展理念，全面落实"巩固、增强、提升、畅通"八字方针，主动作为，真抓实干，扎实推进各项工作有效落实。2020 年，全县 GDP 实现 77.55 亿元，同比增长 2.6%；固定资产投资同比增长 23.0%；规模以上工业增加值增速实现 10.9%。

从县域经济发展的全局来看，望奎县委县政府牢牢抓住农业大县的根基，积极探索农业强县的产业发展脉络，实施了一系列促进农业产业发展升级的综合措施，夯实了产业发展转型的基础。以打造

---

① 《十八大以来重要文献选编》下，中央文献出版社 2018 年版，第 37 页。

"1+4"立县产业体系为目标，深入实施产业项目牵动战略，全面推动招商引资战略升级，增强园区承载能力，提升工业经济质效，着力推动经济高质量发展。一是招商引资精准高效。坚持把招商引资作为加快发展的首要任务，深入开展"点对点"精准招商活动。全县先后与45个大企业大集团、27个商会组织、18所大专院校、14家科研院所、10个经济技术开发区达成了战略合作关系，共签约项目230个，签约总额331.7亿元。二是项目建设不断深入。坚持"领导包抓、服务代办、驻场服务"的项目推进机制，建立入区项目审查立项制度，确保引进项目的真实性、合规性。三年来，全县共开工建设超千万元产业项目43个，总投资34.4亿元，项目投产率65%以上，项目涵盖多个领域，产业结构更加合理。三是园区建设提档升级。望奎经济开发区始建于2007年，2010年8月经黑龙江省人民政府批准为"省级工业示范基地"，2012年1月被确定为"黑龙江省首批重点县域工业园区"，2014年5月晋升为省级经济开发区。近年来，望奎县坚持把园区建设作为承载全县经济高质量发展的重要平台，科学规划，加大投入，完善功能，目前路网总里程达到16公里，开发区新增企业20户，入驻园区企业达到73户，可实现年产值29.4亿元，改造新建了智能化园区展馆，园区基础设施和配套设施日益完善，园区的吸纳和承载功能进一步增强。四是产业经济转型发展。坚持把工业振兴作为实现全县经济转型发展的重中之重，大力发展优势支柱产业。双汇北大荒肉业、阿尔卑斯、龙蛙农业等企业生产线技改项目达到国内领先水平。在这些产业项目的牵动下，全县已初步形成了肉类制品、粮食制品、调味制品、功能食品、酒类制品、特色饮品"六大食品加工企业集群"。2020年底，全县农产品综合加工转化率达到53.4%。全县规模以上工业企业达到18户，12户企业在Q板挂牌。截至2020年，全县规模以上工业总产值和利税分别实现37.1亿元和21101万元。

（一）政策先行，谋划产业扶贫新思路

扶贫产业的发展需要有明确的建设思路，有完善的政策体系保障。如果没有一个明确的发展思路和发展规划，就很难避免产业扶贫项目"一哄而上"的乱象，违背产业发展和市场运行的客观规律，最终造成扶贫产业项目的失败。自2016年以来，望奎县先后落实了农业部、国务院扶贫办等9部门印发的《贫困地区发展特色产业促进精准脱贫指导意见》《黑龙江省产业扶贫规划（2016—2020年）》《2017年全省产业扶贫工作要点》等相关文件精神，结合望奎农业产业实际情况，制定下发了相关文件。

第一，编制了《望奎县产业扶贫规划》。选择水稻、马铃薯、设施蔬菜等主导产业，发挥龙蛙农业、良缘食品等龙头企业带动作用，推广"龙头企业+合作社+基地+农户"模式，采取入股、分红等经营方式，促进贫困户与产业的对接。

第二，制定了《望奎县产业扶贫实施方案》。深入贯彻落实中央关于脱贫攻坚的战略部署，按照"精准扶贫、产业增收"的总体要求，进一步转变农业发展方式，不断强化农业产业基础设施条件，开拓农产品市场，拓展农业功能，做大做强优势特色产业，大力扶持发展水稻、马铃薯、蔬菜、生猪等优势特色产业，带动贫困户脱贫致富。

第三，制定了《发展县域特色主导产业扶贫实施方案》。在夯实粮食产业的基础上，围绕生猪、蔬菜、食用菌、中药材等产业，构建特色产业新格局。

第四，制定了《望奎县鼓励新型主体带动脱贫实施方案》。鼓励新型经营主体参与到精准扶贫工作上来，支持贫困户参与新型经营主体基地标准化建设、生产等环节，让农业产业发展，最大限度地覆盖贫困村和贫困户。

第五，制定了《望奎县产业扶贫资产收益分配机制实施方案》。鼓励新型经营主体从事农业产业化经营，发挥带动作用，创新扶贫精准制导机制、扶贫效益到户机制、扶贫资金使用机制、扶贫项目产权经营机制等，探索企业与贫困农户建立利益联结机制，促进贫困农户稳步增收。

（二）农业强基，提升农业产业竞争力

肥沃的黑土地给予了望奎人民丰富、优质的农业产品，如何将这些优质的农产品更多地转换为经济效益，如何让高质量的农产品卖出高价，如何增加农产品的附加值，让利润留在这片黑土地上，是望奎县在产业扶贫工作中的重点。利用好黑土地上的农业资源，深挖农业产业的优势，延长农业产业链条，是望奎人民充分利用黑土地上丰富资源的体现。

第一，望奎县近年来坚持"稳粮、扩豆、优经、增饲"的方针，调整优化农作物种植结构，积极发展蔬菜、食用菌、鲜食玉米、马铃薯、中草药生产，鼓励支持贫困户大力发展高效作物，向结构调整要效益。坚持往鲜食玉米上调、往杂粮杂豆上调，调出特色，种出规模。三年来累计调减玉米种植面积20.1万亩，轮作15.7万亩，新增水稻休耕1.5万亩。全县水稻、玉米、大豆种植面积分别调整到33万亩、168万亩和30万亩，特色经济作物面积发展到20万亩以上。2017年全县农作物种植面积256.2万亩，其中水稻29.7万亩，玉米156.5万亩，大豆47.3万亩，马铃薯、瓜菜、杂粮杂豆和饲草饲料等特色经济作物面积22.7万亩。大力发展生猪主导产业，加快推进以肉牛、肉羊和大鹅为主的草食畜牧业发展步伐，2017年，全县生猪、肉牛、肉羊、家禽饲养量分别达到196万头、5.93万头、9.62万只和780万只。2017年发展种植业带动贫困户3464户，户均收入6148元；从事畜牧产业带动贫困户1005户，户均收入3373元。2018

年全县农作物种植面积 256.2 万亩，其中水稻 33 万亩，玉米 168 万亩，大豆 30 万亩，马铃薯、瓜菜、杂粮杂豆等特色经济作物面积 23.73 万亩，休耕 1.47 万亩。以转方式、调结构为重点，着力改造提升传统畜牧业，大力开拓创新现代化畜牧业。2018 年，生猪饲养量 184 万头、黄肉牛饲养量 6.2 万头、山绵羊饲养量 10.3 万只、家禽饲养量 750 万只。2018 年，有 478 户农户从事种植业生产，户均收入 5247.7 元；有 234 户从事养殖业生产，户均收入 1721.4 元。

第二，经营体制不断优化。围绕提高农业劳动生产率和农业竞争力这个核心，大力发展生产型、服务型经济，全县各类农业新型经营主体达到 5308 个，其中农民专业合作社 1827 个、家庭农场 217 个；订单农业突破 100 万亩，初步形成了以东南部为主的优质专用玉米、以西部为主的绿色有机稻米、以中部为主的绿特色作物、以东北部为主的非转基因大豆和优质杂粮、以东南部为主的瘦肉型生猪、以西北部为主的草食畜牧业七大优质原料专用基地；村办企业发展壮大，截至 2020 年底，消灭集体经济"空白点" 70 个，全县集体经济收入 10 万元以上的村达到 109 个。

第三，现代耕作步伐加快。大力提升机械化水平，截至 2020 年底，新增大中型农业机械 1196 台。千万元农机合作社发展到 22 个，农机总动力达到 53.6 万千瓦，全县大机械深松整地面积达到 83 万亩。

第四，畜牧业稳产增效。全力打造精品养殖基地，狠抓扩群增量，加快品种改良。截至 2020 年底，全县万头以上生猪养殖园区达到 13 处，年出栏千头以上猪场达到 64 个，全县生猪、黄（肉）牛饲养量分别达到 199.7 万头和 11.2 万头，成为中国瘦肉型生猪之乡、全国生猪调出大县、国家级生猪标准化示范县。2018 年望奎被列为国家首批畜牧业绿色发展示范县和畜禽养殖废弃物资源化利用试点县。

案例6-1 大力发展畜牧业 促农增收助脱贫

望奎县是中国瘦肉型生猪之乡、全国生猪调出大县、国家级生猪标准化示范县。近几年来，望奎县按照"建设全省一流现代畜牧强县"的发展目标，把大力发展以生猪为主导的畜牧业，作为全县脱贫解困、加快发展的突破口。

一、壮大畜牧产业，助力脱贫攻坚。望奎县农民一直把养猪作为致富的首选门路。自生猪直线育肥技术推广普及以来，农民养猪获得了可观的经济收益，养猪业收入比重逐年提高。经过多年的滚动发展，生猪养殖户发展到9600多户，占农户总数的5.7%，其中，年出栏500头以上猪场及养猪大户达到113个，万头以上生猪养殖园区达到8处，饲养百头肉牛、千只肉羊以上养殖大户达到85户；望奎是全国粮食生产先进县，全县粮食总产量一直稳定在近30亿斤，每年通过畜牧养殖进行过腹增值转化玉米6亿斤以上，既较大地降低了养殖成本，又缓解了卖粮难的问题，稳定了全县玉米价格，提高了农户收入；通过发展畜牧养殖，解决了东北地区冬季"猫冬"、大量剩余劳动力无处转移的问题，实现养殖户的周年生产和增产增收。畜牧产业的壮大和发展，为促农增收和脱贫解困提供了有力支撑。

二、依托龙头带动，加快脱贫步伐。望奎县把发展畜牧产业作为扶贫重点产业，围绕生猪、肉牛等优势产业，不断创新畜牧业精准扶贫模式，助推脱贫攻坚工作。2017年9月，望奎县委县政府与江西双胞胎集团签订生猪产业扶贫项目协议，双胞胎集团在望奎县建设年出栏60万头集生猪养殖、屠宰、加工等于一体的全产业链发展项目。采取"企业+合作社+贫困户"模式，选择有一定经济能力的党员或打工回乡农民作为致富带头人，组织贫困户建立"扶贫合作社"，每个合作社建设一个可一次入栏1100头的育肥猪代养场，总投资150万元，资金采取致富带头人出资 75 万元和入社贫困户扶贫贷款 75 万元的方式筹集；一个"1100 头"规模的代养场每年代养三批次共 3300 头，每头代养费 150 元，可获得 49.5 万元收益。同时，通过这种方式还可以解决贫困户 2—3 人从事代养工作，每人每年获得 3 万元左右收入。目前位于灵山满族乡后头村的育肥猪代养示范场已建成，带动入社贫困户 37 户，每户获得养猪入社分红款 1200 元，2019 年建于通江镇坤头村和后三乡白七村的万头生猪代养场将投入生产，预计可带动入社贫困户 1110 户，贫困户共可获得分红资金 133.2 万元。

三、健全发展机制，强化脱贫保障。县里成立畜牧产业发展领导小组，把畜牧业作为战略性支柱产业来抓，纳入地方经济社会发展规划和年度考核内容，实行目标管理，明确责任和考核办法，建立奖惩机制，确保目标完成；整合生猪调出大县奖励资金、产粮大县奖励资金、精准扶贫开发资金等项目资金，加大对畜牧业的资金投入。确保生猪调出大县奖励资金 100% 用于生猪产业发展，精准扶贫开发专项扶持资金要重点向畜牧业倾斜。同时增加信贷资金投入，各项支农贷款要重点向畜牧业倾斜，投入畜牧业的比重达到 60% 以上，建立以担保、反担保、联保以及风险金为主要内容的信贷风险控制体系，加强和改进对发展畜牧业生产的金融服务，增加信贷资金有效供给；组织专业技术人员深入村屯推广畜禽标准化饲养管理技术，有效加速了科技成果转化，目前，全县生猪标准化生产技术转化率达 100%。县乡财政及村集体每年拿出 100 多万元，用于村防疫员防疫工资补贴，调动了防疫员工作积极性，全县多年无重大疫情发生。

第五，绿色农业快速发展。坚持以科技创新和体制创新为动力，大力发展绿色农业，全县无公害农产品环检面积实现全覆盖，绿色食品认证面积达到 119.5 万亩；全县共获得有机食品标识 2 个、绿色食品标识 28 个、无公害标识 127 个；新建设国家绿色食品原料标准化生产基地 100 万亩；绿色食品企业发展到 12 家，无公害食品企业发展到 21 家。

第六，产业特色更加鲜明。围绕寒地黑土的独特优势和资源禀赋，以资源换产业、以特色换优势，农业价值链、产业链融合发展。全县获得省级著名商标 4 个、中国驰名商标 1 个，望奎大米、生猪和马铃薯被评为国家地理标志产品；"五谷杂粮"下江南活动成效明显，累计签订各类农产品合同 14.43 亿元，域外寒地黑土品牌旗舰店发展到 12 家；"北薯南种"实现亩收入 2500 元以上。

（三）精准发力，探索产业扶贫新模式

习近平总书记指出："在'扶持谁'的问题上，要防止不分具体情况，简单把所有扶贫措施都同每一个贫困户挂钩。强调扶贫措施精准到户到人，主要是强调对贫困户要有针对性的帮扶措施。"[1] 望奎县在贯彻落实习近平总书记重要讲话精神的实践中，坚持立足县情实际，逐村逐户逐人对接帮扶，因户施策，精准发力，重点探索出 6 种模式 15 种类型增收路径，努力实现"村村有主导产业"、"户户有增收门路"。

第一，龙头企业带动模式，包括两种类型。第一种类型是"龙头企业+基地+农户"。龙头企业与农户以订单形式建立利益联结机制，农户按照企业生产规范来组织农产品生产。全县有 22 户企业实行了这种产业扶贫模式，带动贫困户 3624 户，并带动形成了特色种养村屯 276 个。第二种类型是"龙头企业+致富带头人+金融机构+农户"，立足生猪养殖大县实际，着力提高生猪产业扶贫组织化程度，大力推广以双胞胎集团、牧源集团为代表的"龙头企业+金融机

---

[1] 《十八大以来重要文献选编》下，中央文献出版社 2018 年版，第 39 页。

构+致富带头人+农户"生猪代养模式，共带动4316户贫困户户均增收1200元以上。

第二，合作组织帮带模式，充分发挥合作组织抗风险能力强、生产成本低、市场信息灵敏的优势，引导支持贫困户参与合作生产，增加收入。这种模式包括两种类型。第一种类型是土地流转，对缺少劳动能力和无意愿耕作的贫困户，采取自愿形式，将土地流转给合作组织，增加资产性收益。全县共有2086户贫困户将土地流转给了合作组织。第二种类型是以地入股。全县2647户贫困户带地入社2.8万亩，户均可分红3500元左右。龙蛙农业吸纳310户贫困户带地入社，每户贫困户共获得三次分红：一是基础分红。以亩为单位，每亩1200元（700元的土地流转费，500元的务工费）。二是产量分红。以上年自有核心区水稻平均亩产为基数，对超产部分按农企6：4比例分红。三是销售返利。按公司当年净利润的一定比例返利。

案例6-2 发挥龙头企业作用 助力全县脱贫攻坚

黑龙江省龙蛙农业发展股份有限公司创建于2003年，公司注册资金3000万元，资产总额1.5亿元，公司以"龙蛙"品牌系列大米为主要产品，年可生产优质大米10万吨，带领当地200多户贫困家庭走过了一段极不平凡的创业路。

一、龙蛙初心：带动乡亲致富

2003年公司成立之初，龙蛙公司只有不足200亩水田，但是创新的经营理念和模式，使亩产效益成倍增长，年纯效益就可达几十万元。2007年，龙蛙公司联合19户贫困户成立了龙蛙水稻种植专业合作社，整合水田600亩。采取"六统一"经营模式，集约化、现代化、智能化生产经营。2007年底，19户贫困户水稻销售分红户均达2万多元，人均务工收入1.3万元。公司年产值超过了千万元。

二、创新经营模式，创立品牌效益

"龙蛙"农业实施合作社联合体"抱团取暖"，打破传统农业经营方式。通过土地规模流转，在先锋镇四段村牵头组建了金穗水稻专业合作社，经过统一规划，增加了土地有效耕种面积和粮食产量，提高了机械化作业效率和农村土地利用率。公司附近村屯 110 多家水稻种植散户，受投资成本、市场冲击等多方面因素影响，特别是贫困户，每年收益甚微。龙蛙公司采取分年租赁的方式，以每亩高出市场价 200 元的价格收购了 95 户 960 亩水田，进行集中连片种植经营，农户劳力优先进场务工。当年底，新入社的 95 个农户实现户均纯收入超过 5 万元。

三、履行企业责任，惠及一方百姓

2017 年，作为望奎农业龙头企业，龙蛙公司扛起了脱贫攻坚的重任。龙蛙公司主动吸纳 310 户贫困户带地入社，贫困户通过基础分红、产量分红、销售返利三次分红，入社农民每亩地分红 1500 元。同先锋镇水稻种植区 600 多农户以每公顷 9000 元的价格签订长期土地流转合同，每亩可获 600 元保底收益。与贫困户签订种植合同，确定以亩产 700—800 斤为底数，超产部分按企农 4：6 比例进行超产分红。土地流转后农户愿意继续种植的，给予 533 元/亩务农费。不愿种地的可到企业就业，保底月薪 2500 元。同时将农户自有农机进行有机整合、统一调配，平均每台每年可增收 220 元/亩机耕作业费。2017 年底，刚刚被吸纳入社的 310 户贫困户户均收入 2 万多元，人均纯收入超过 1 万元。2014 年至今，公司辐射带动农户 5500 户，户年均增收万余元。

四、整合区域品牌，延伸产业链条

2018 年 4 月 15 日，首届龙蛙农业整合优势区域品牌战略研讨会在望奎县龙蛙农业体验中心举行，来自省内农业战线的专家学者、品牌整合投资人、生产资料合作商、有机稻米专业合作社负责人及水稻种植大户代表共 50 余人齐聚望奎，来自庆安、海伦、方正、延寿、五常等地的合作方，分别与龙蛙农业签订了整合优势品牌战略协议，整合优势区域土地 10 万亩。龙蛙农业整合区域品牌，延伸产业链条，将以更大力度助力脱贫攻坚工作。

第三，结构调整促动模式，以市场为导向，鼓励支持农户大力发展高效作物，向结构调整要效益。这种模式包括两种类型。第一种类型是特色产业，共培育开发壮大马铃薯、食用菌、畜牧养殖、瓜菜种植、食品加工、中草药基地、水产养殖七大脱贫产业，吸纳贫困户 1874 户，户均可增收 4000 多元。第二种类型是庭院经济，充分发挥帮扶人的资源优势，鼓励贫困户利用房前屋后发展绿色蔬菜种植等庭院经济，采取"私人订制"的形式，为城市餐桌提供放心食品。到 2020 年，全县帮扶干部继续与 6000 多户贫困户达成小菜园、小牧园种养产品回收协议，累计签订协议 1.8 万多份，户均年增收 600 元以上。

案例 6-3 "小菜园"里谋脱贫

正兰三村位于望奎县中南部火箭镇政府所在地，距县城 8 公里。全村共有贫困户 35 户、100 人，其中无劳动能力贫困户达到 22 户、31 人，以年老体弱多病人群为主。由于不能外出进行务工，他们只能留守家里做一些简单的家务劳动。针对这一特点，县财政局驻村工作队积极探索提高这个群体收入的途径。这些因病丧失劳动能力的人是脱贫攻坚的关键，这部分人收入提高了，如期脱贫的愿望也就实现了。

工作队走访调查时，发现农村庭院经济在新农村建设、农村经济发展中具有不可忽视的作用。农村庭院是农民生活、生产的栖息地和繁衍场所，是集生产、生活、生态于一体的一个特殊的生态小系统。生态庭院经济是利用农户房前屋后的闲散的土地和剩余劳动力，兼顾经济、生态、社会三大效益并使之循环协调发展。充分利用农村庭院，开展以农户为单位的生态庭院经济建设已逐渐被人们所重视，在有些地方已逐步形成一定的规模，并逐步取得了经济、生态和社会效益。在帮扶工作队和村两委入户走访时发现，正兰三村的"小菜园"不用化肥、农药，发展绿色蔬菜种植潜力较大，而且种植生产过程不需要从事重体力劳动，只要不是完全丧失劳动能力的人都可以从事生产。看着贫困户守着丰腴的土地却过着穷日子，帮扶工作队更加坚定要把绿色"小菜园"产业发展起来。工作队积极组织帮扶干部与贫困户因地制宜进行庭院合理规划，并与贫困户签订"小菜园"协议，保证贫困户种植绿色蔬菜的收益。2017年，除1户常年外出务工家里无人外，剩余34户贫困户均签订了"小菜园"协议。同时财政局工作队多方联系销售渠道，包括食堂、蔬菜批发部、饭店、商贩等，增加贫困户庭院经济收入。2017年，共获得蔬菜销售收入11127元，平均每户增收300余元。

2018年，贫困户发展庭院经济的信心增强，年初对自己的庭院做了充分的规划，有种黏玉米、婆婆丁的，也有选择一些市场行情好的蔬菜种植的。同时财政局驻村工作队也大力推广"种养结合循环发展"模式，生产绿色有机蔬菜。依托县内外龙头企业、合作社"抱团取暖"，形成合力，发展"菜园+农户+合作社+龙头企业"联合体，采取组织化经营、订单销售、合作协议等方式，实现庭院产品统一回收、加工、包装和销售。工作队联系盛源绿色蔬菜种植农民专业合作社，研究种植富贵牛角椒和黄豆角等新品种，贫困户与合作社签订收购回收合同，拓宽销售渠道，保障种植户收益。2018年，在工作队的努力下，贫困户的庭院经济收入总额达到21305元，户均收入由320元增长到626元。

2019年，扶贫工作队把贫困户"小菜园"的蔬菜输送到大型超市，让更多的市民吃上了绿色蔬菜。一些非贫困户也开始主动要求参与到"小菜园"的生产中来。由于工作队常年吃住在村，对老百姓家的庭院作物了如指掌，一些县里的市民也找到工作队让其帮助购买一些绿色无公害土鸡蛋、鸭蛋、鹅蛋及黏玉米。此外，工作队还在探索"小菜园+电商"购销渠道，庭院经济通过"社会扶贫"销售平台、微信朋友圈的模式，销售"小菜园"生产的农产品，提高农家"小菜园"的产值和收益，带动贫困户增加收入。

第四，新兴产业辐射模式，整合要素资源，吸引市场活力强、发展空间广、政策支持力度大的新兴产业向扶贫领域倾斜，拓宽贫困户增收渠道。这种模式共包括四个类型。第一种类型是光伏产业。在2017年4个村发展光伏产业带动330户贫困户的基础上，2018年光伏产业已覆盖33个贫困村，并全部并网发电。第二种类型是电商引带，以"一亩田望奎站"、"淘实惠"等7家互联网企业为主体，开设农产品线上销售网店80余家，带动贫困户123户，户均年增收近1000元。第三种类型是景区吸纳，加强旅游景区景点建设，在完善基础建设、开发旅游产品、增强接待能力等方向重点向贫困群众倾斜。卫星镇依托呼兰河、红光寺等旅游资源优势，引建了妙香山旅游度假村项目，吸纳29名贫困群众，人均年收入8000多元。第四种类型是田园体验，加强各类田园综合体建设，不断提升服务功能和吸纳能力，带动更多贫困户增收致富。"两个爸爸"家庭农场吸纳贫困户27户，户均年增收超万元。

案例6-4 通过电商带动贫困户脱贫的致富带头人

张志忠，出身农民，之前在乡镇府做自用人员，从事有线电视行业，后来辞职回家。回家之后受在深圳的女儿启发，萌生了开网店的念头，卖自家生产的大豆、大米等。在当时很多人都完全不了解网络的情况下率先开展电商，成为了第一个"吃螃蟹"的人。张志忠在接第一单生意的时候，他家离镇政府20多里地，为了邮寄产品亲自前往海峰镇邮局，这一单生意便挣到了200多块钱。尝到甜头后，有利益驱动，张志忠便开始很认真地从事电商行业，经过十年时间的发展，团队壮大，由一个人一家网店发展到40多人8家网店。并且由此带动了周边人的就业（其团队主要由亲朋好友负责），地域由望奎海峰镇扩展到绥化市，种植面积也不断扩大。2018年10月，浙江丽水开展了第三届全国农村电商代表大会，张志忠被评为"一百位农村电商带头人"之一。

除此之外，张志忠还是屯长，在屯中威望很高，加上经营电商有方，更成为屯中的核心人物。几乎周围每家每户围绕电商都能从中获取一些利益，将自家的农产品通过张志忠的电商平台打包、出货，如萝卜干、茄子干、黄瓜干。通过这种组织方式，张志忠的产品品种也从原来的1种增加到13种，逐渐趋于多样化，实现了"双赢"，当地也成为赫赫有名的淘宝电商"东北二里沟"。屯里建档立卡的贫困户，也被张志忠给予特殊的照顾，获得了很好的收益。

第五，安置就业增收模式。这种模式共包括三种类型。第一种类型是企业务工。全县共有875名贫困人口在企业务工，人均年收入1.8万元左右。第二种类型是政策用工。坚持政策规定和贫困户需求相结合，优先安排贫困人口从事护林、护路、城市保洁等工作。全县生态护林员岗位共安置贫困人口2880名，人均年增收1800元。第三种类型是就地就业。积极组织不能外出的贫困人口采取季节性务工、发展家庭手工业等，就地就便就业，实现养家与顾家兼顾。东升乡恭四村、乾一村发展刺绣等手工艺品带动75户贫困户，户均年增收3000多元。

第六，村级组织主导模式，充分发挥基层组织战斗堡垒作用和党员先锋模范作用，组织带领贫困群众发展产业增收。这种模式包括两种类型。第一种类型是资产量化。通过集体资源、资产开发利用，实现集体和贫困户"双赢"，共建设村级产业项目19个。后三乡厢白七村将村集体所有的8栋木耳棚室经营所得，按照4∶6分成分给全村121户贫困户，户均年分红1000元。第二种类型是干部引带。鼓励支持镇、村、组干部带头领办示范点，带动引导贫困群众逐步发展产业，拓宽增收渠道。原东郊镇党委书记李亚文组织119户贫困户以地入股，参与龙薯联社经营，并安排96名贫困户劳动力作为长期雇工、259名贫困户劳动力作为临时用工，户均年增收都在1.2万元以上。特别是组织110名贫困户劳动力到广东湛江参与"北薯南种"，当年就实现户均增收3.5万元。

案例6-5 龙薯联社通过"北薯南种"带动贫困户脱贫

望奎县龙薯现代农业农民专业合作社联社成立于2014年8月，由庚国、立生等合作社组成，现有社员1700户，经营土地3.6万亩，包括119个贫困户社员。同时，龙薯联社带动周边乡村250户贫困户中的267人来联社打工，平均月收入达2000元以上。

实施适度规模经营，夯实产业扶贫基础。他们通过市场预测、市场导向及比较效益分析后，决定面向附加值高、适合规模种植的经济作物进行种植结构调整。在总面积3.6万亩不变的前提下，减少玉米种植面积，增加马铃薯、杂粮、黏玉米和经济作物种植面积，全面实行米、薯、经三区轮作制度，有效提高土地利用率。2017年结构调整之后，他们种植马铃薯4500亩、大豆5000亩、毛豆1000亩、青贮高粱3500亩、鲜食玉米3000亩、黄豆角200亩，普通玉米减缩到18800亩。通过产业结构调整，有效增强产品市场竞争力和收益率。

科学构建分配机制，巩固产业扶贫成果。联社119个贫困户社员将土地以托管、流转方式交由合作分社统一经营。合作社负责保证给农户按年或按月发放每亩500元、600元、700元不等的土地资产股金，享受分红。通过他们整合贫困农户现有土地资源，实施土地收益扶贫。优先安排7户贫困户劳动力常年在联社从事力所能及的劳动，成为长期工，每天每人较其他工人多补10元，人均增收都在1.2万元以上，在实现利益联结的基础上，全面形成了资产收益与帮扶增收同步运行的长效机制。

强化示范引带功能，拓展产业扶贫区域。贫困户加入合作社，不但实现了当年脱贫，而且还依靠他们的力量实现致富奔小康。联社不仅确保社员本身及贫困户受益，还集合周边更多农户的分散力量，在联社各生产环节形成规模合力，其辐射面达8个乡镇3500多户，近5000人来联社劳动，其中贫困户达250户，仅黄豆角、毛豆、鲜食玉米采摘环节，就支付用工工资62.3万元，劳动用工日均收入达138元。

打造域外产业基地，拓宽产业扶贫空间。早在2015年，龙薯联社就在湛江市遂溪县草潭镇钗仔村以每亩地650元的价格流转了4850亩土地，承包年限为10年。当年种植马铃薯亩产达到5000斤，每斤卖1.3元，卖出了苹果的价钱，每亩纯效益达2000元。种完马铃薯后，他们为当地企业种植青贮玉米，每亩又获得600元收入。他们还将联社27户贫困户社员带到了湛江，每户负责一定面积的土地经营工作，种子、化肥、农药及土地流转金均由合作社垫付，收获时将种植费用一起还给联社，利润归自己所有。当年扣除生产成本后，平均每户纯收入达6万元，实现当年脱贫。每年10月中旬联社社员南下种植马铃薯，第二年2月末收获，接茬种植青贮玉米，然后4月末北上返乡种大田，趟出了"一年三熟"种田致富的新路子。目前他们在遂溪县流转土地达1.3万亩，通过采取"政府搭桥、合作社经营、农户两地生产"的方式，配置 40 台套大型机械，进行"北薯南种"，联社每年纯收入达到 150 万元，贫困户户均收入 5 万元。

四、产业扶贫如何落地生根——前惠五村的产业扶贫

从县域宏观层面来看，产业扶贫能否起到作用，要看是否有明确的产业发展思路、主导产业的确立是否符合县域经济的实际、相关的政策是否能够带动相关经营主体的参与。而从一个村的微观层面来看，则更加直接面对前文所述的四个挑战，即如何选择合适的产业进行发展、如何保证产业项目发展的可持续性、如何建立产业扶贫的利益联结机制、如何做到产业扶贫中扶贫和扶志相结合。总的来说，就是要看这些产业扶贫项目，如何在一个村庄中落地生根。只有当产业项目真正在村庄中扎根，产业发展的果实才能真正长期稳定地惠及当地的贫困人口。在这一部分，本书将以望奎县前惠五村扶贫产业发展的案例，展现扶贫产业项目扎根乡土、服务村民的可持续机制。

（一）村庄概况

前惠五村位于黑龙江省望奎县厢白满族乡。2018 年，全村共有 1150 户、3345 人，村内大多数青壮年劳动力外出务工，剩余劳动力主要以传统农业种植为生。2015 年，村庄贫困人口 489 人，贫困户 167 户，贫困人口占总人口的 14.6%，贫困户占全村 14.5%。贫困户多是老弱病残。2016 年以来，村庄贫困人口逐渐脱贫。到 2018 年末，前惠五村建档立卡贫困户只有 9 户 33 人。2019 年底，前惠五村贫困户实现全部脱贫。

在实施精准扶贫以前，前惠五村除了传统农业，并无其他产业发展，更无村集体收入来源。贫困户的收入除自身的农业生产外，多是政府的直接补贴。村集体没有能力帮助贫困户增收，更无能力帮助贫困户发展。自脱贫攻坚战开展产业扶贫以来，村集体的经济实力不断增强，贫困户的收入渠道不断拓宽，收入水平也得到了有效的提升。如今，前惠五村已经有肉牛养殖、肉鹅养殖、筋饼加工厂、笨榨豆油厂等多个产业项目，并且与哈尔滨远大好百客超市签约，种红皮土豆、窝瓜等原生态农产品，多个渠道实现贫困户产业增收。在短短的两年多时间里，这些产业项目是如何引进并落地前惠五村，又是如何实现利益联结机制，惠及村中的贫困户乃至全体村民的呢？

（二）产业落地

如果说精准识别是扶贫工作的"根"，扶贫产业就是"根"活的泉水，其不仅能防止根部的衰退，更能在"根"的基础上开花结果。但是，如何让"根"更深地扎进土壤并开花结果，是一件非常困难的事情。首先，是要寻找能够开花结果的"种子"，即产业项目。

前惠五村产业项目的落实和发展离不开一个好的领导班子，离不开乡镇干部的支持，更离不开前驻村第一书记及驻村工作队的努力。2017年5月，省委统战部派驻望奎县厢白乡前惠五村扶贫工作队队长、第一书记张辉及两名驻村工作队队员来到前惠五村。张辉认为"既然来到这个村，就不能把青春白白地浪费在这里，必须要为村庄做出一些事来"。为此，在张辉的带领下，驻村工作队开始探索适合村庄发展的方向，用他的话说："没有产业项目，村民们就得在土坷垃里刨食，很难脱贫"。

但是，发展产业扶贫项目，并不是一件容易的事。前惠五村人多地少，岗地贫水，大田种植以玉米和大豆为主，经济效益较低。多年来，村两委班子带领村民们种过花、栽过树、种过黏玉米等，可是都没能改变这里民穷村困的面貌。

"跑 20 个项目，能成 1 个就行！"对于所选择的产业项目，乡村两级党委和第一书记都慎之又慎，多次联系相关方面的专家为前惠五村发展产业项目进行评估，并专门开车跑去各地进行实地考察。"一开始也想要搞种植业结构调整，当时是想要种一种药材，省科学院和农科院都在搞，一亩地收益应该还算可以，一直探索到第二年的 4 月 1 日。所有的种子哪里来、怎么种、技术怎么学，当时跑了一大圈儿，都看了，但是到 4 月 1 日决定不种了。当时大豆补贴下来了，一亩地补贴 320 元，村干部肯定支持工作，就算赔钱也会帮我试验。但是想到不能搞几家几户，而且种植要求风调雨顺，万一今年的水不适合药材的生长，万一这么多老百姓赔钱了或者收益不好，谁来承担这个责任？谁也承担不了这个责任。老百姓再理解也很难做到。所以，我们决定不再做了。产业不能轻易失败，一旦失败，老百姓就会对我失去信心，对我失去信心，对党就失去信心了。"（前惠五村第一书记张辉）在选择最初的产业扶贫项目时，扶贫工作队遭遇了诸多的困难。他们想要让村里的产品进入哈尔滨的超市，但小农户生产的散货无法满足超市品质保证、标准统一的要求，只能放弃。想要往超市推广村中贫困户养殖的土鸡，由于不是统一养殖，养殖标准、品质标准难保证，也没有谈成。当联系到某企业主，准备引进"榆林镇筋饼"生产加工项目时，由于当时村中没有合适的厂房，也只好作罢。最终，经过多次失败的尝试，在省政协、省委统战部、省科技厅、省科学院等部门的帮助下，2018 年 6 月，前惠五村注册了望奎县善为农业科技有限公司，养殖安格斯肉牛，这成为了前惠五村第一个落地的产业扶贫项目。"在养牛场这一块儿，首先要找他们熟悉的、他们能够做的，而且最好能够提升一个档次，附加值能够有所增加。"（前惠五村第一书记张辉）在第一个扶贫项目初见成效后，扶贫工作队利用省直工作队 50 万元扶贫专项经费，辟建"扶贫车间"，前惠五村与兰西县榆林镇六九食品有限公司签订协议，代做筋饼。之后，前惠五村利用扶贫产业资金购买设备，建立善为豆油加工厂。2019年1月，善为豆油产品获得检验合格报告。随后，哈尔滨远大好百客超市抛出橄榄枝，以10元/斤的价格收购，共同打造优质高端产品。

（三）产业生根

"落户一个扶贫产业项目，就像孕育一个孩子，生出来容易，最难的是养大。"在引进企业参与扶贫产业，以及利用各方面扶贫资金发展产业项目时，不得不考虑的一个问题是，这些产业项目能否在村中生根？当脱贫攻坚战胜利收官之后，驻村工作队和扶贫干部这些人员撤出时，村中的这些产业项目能不能持续发展，为村庄发展和贫困人口发挥持续"造血"功能？对此，乡村两级党组织及驻村工作队早有考虑。"一方面，对于村庄来说，必须具备承担这些产业继续发展的能力。这就要求在选择产业项目时，要充分尊重扶贫对象的主体地位，围绕贫困群众的需求来进行。村民之所以想要养牛，是因为他们想要做一些自己熟悉的事情，并在这个基础上有所提升。在筋饼厂这一块，老百姓都很心灵手巧，只是缺少市场，百姓问我最多的一句话是卖给谁，而不是说缺钱。另一方面，对于参与扶贫产业的企业来说，也要实现利益的共赢。这种对接对企业、村集体和老百姓都很有利益，企业首先要是小微企业，大企业就会机械化，不需要人力了，人工参与率是很低的。小微企业一般是有技术、有市场，但是扩大不了规模，没有厂房，办不了生产许可证。和我们合作，一方面我们可以帮忙找市场，找远大超市，还能写上'您的每次品尝助力脱贫攻坚一元钱'，'网红'们也很乐意为他们卖。另一方面，对村集体来说，利用扶贫资金建一个厂房，村书记村主任还能帮忙管理。村里出一个厂子，老百姓有地方打工了，能挣着钱了，村集体还有积累。此外，对老百姓来说，老百姓变成技术工人了，不像以前出去打工得干苦力活，现在会烙筋饼、包饺子了，包饺子速度快了，就可以去喜家

德（水饺连锁品牌公司）打工，不再是扫扫地了，可以坐着干活，收入也提高了。"（前惠五村第一书记张辉）

除了在利益上，村庄与企业建立共赢机制外，前惠五村也非常注重参与扶贫企业本身的价值观念，选择那些能够将企业的发展与村庄的发展融为一体的企业家进行合作，而不是选择那些仅仅看中市场利益的企业。"这个企业家（做筋饼的六九食品有限公司老板）代做筋饼的思维方式，或者说挣钱的思路、开展市场的思路与我们是一致的，合作就是脾气性格相投能聊到一起，企业发展理念和村里的发展理念契合，一起确定一个目标。他是筋饼技术的传承人，祖祖辈辈都是做这个的，比较年轻。虽然他的公司经济实力还不是很强，但是将来肯定会越做越大，而且从聊天也可以感觉到他对筋饼有一种热爱，很坚持、很有正事儿、愿意跑这个项目。别人都说'留下一个不走的工作队'，个人感觉不是留下一个不走的工作队，而是把这些资源都放到村里，这些资源能够在村里开花结果。不是人一走这棵树就死了，不符合这个村的土壤，应该是栽完之后符合村里土壤，而且村里人也愿意给浇水。"（前惠五村第一书记张辉）

（四）产业果实

扶贫产业的积累和发展，是巩固脱贫成果、防止返贫的根本举措，也是发展壮大村集体经济实力的主要内容。村集体经济实力的壮大是提高国家在基层治理能力的重要体现，也能够有效地提高村集体服务村民的能力。前惠五村紧紧抓住了扶贫产业的发展机会，借助于扶贫的热乎劲儿大力发展乡村产业，为后续扶贫奠定了强有力的经济基础。前惠五村现有的产业项目，经过两年多的发展，已经初见成效，在脱贫攻坚战中发挥了积极的作用，而产业发展真正能够惠及贫困人口，也需要有一套利益联结机制，保证各个产业项目最终能够带动贫困人口脱贫。

1. 肉牛养殖

2018年10月以来，前惠五村争取九三学社中央委员会、省财政厅、省直统战系统单位共同支持158.48万元，带动村集体、村民集资投入73万元，项目新建牛舍1300平方米、牛运动场4000平方米，购买澳洲引进纯种黑安格斯牛75头。截至2020年底，该村已生产牛犊75头，这个项目利润的50%已经用于21户贫困户分红。这21户贫困户是通过村民代表大会，按照困难程度，以投票的形式选取，并且贫困户的选取和分红采用动态调整机制，一年一评。普通村民可以通过投资入股的形式，将牛交给村集体统一管理，村民为村集体提供草料，村集体统一收取管理费。肉牛养殖场通过雇本村的村民进行管理（雇了4名员工，包括3名饲养员、1名技术员），这不仅可以增加村民对于村委会的信任度，还可以解决部分劳动力的就业问题。

2. 肉鹅养殖

在优质肉牛养殖之外，前惠五村与两个合作社合作，发展大鹅养殖项目。大鹅养殖项目共争取国家科技扶贫项目资金35万元，带动合作社投资70万元，连续4年以省农科院为技术支撑，逐渐扩大肉鹅养殖规模。2018年，前惠五村依靠大鹅养殖合作社试养5000只鹅雏，5月入栏，8月出栏，平均每只大鹅9.3斤，利润的20%为村集体经济收入17100元，利润80%为养鹅合作社收入60800元。到2020年，肉鹅养殖已实现养殖10000只的规模，带动10户贫困户共23人，每户增收1000元。贫困户的选取依然按照贫困状况实行动态调整。而且，贫困户可以根据自身条件在合作社务工，进一步拓宽贫困户的增收渠道。

3. 筋饼生产厂

前惠五村的食品加工厂建成于2018年，现已注册成立村集体企业"望奎县善为农业科技有限公司"，食品加工业包括笨榨豆油和筋饼两个食品加工项目。通过辟建食品加工产业，前惠五村为村民提供了本地就业增收的机会。

食品加工项目计划总投资300万元，其中争取省委统战部专项扶贫资金50万元、台湾韩式灏赞助50万元、村集体自筹20万元、企业投资180万元，现已建设食品加工车间1250平方米。前惠五村引进了"榆林镇六九食品有限公司"的筋饼生产车间，主要生产以"百年老镇"为商标的筋饼、春饼、玉米面水饺等食品。项目采取"集体+公司+电商+农户"的经营模式，已直接为本地创造30多个就业岗位，人均月收入3500—4000元，并且间接带动37户贫困户，每户分红1000元。加工厂每天生产筋饼2.8万张，实现毛收入1万元左右。由于市场需求量大，加工厂在原有基础上扩建二层加工车间，项目扩建完成后，招收工人20人，生产筋饼、春饼、玉米面水饺等食品年产值达150万元，扣除成本及工人费用，村集体和村民可获得利润70万元，其中：农户按利润70%分红49万元，剩余利润30%为村集体收入21万元。在未来规划中，食品加工厂将与更大的厂家合作，将自己的产品推向更广阔的市场。

4. 豆油加工厂

前惠五村笨榨豆油加工厂建于2018年，项目总投资220万元，资金来源于县少数民族发展资金。建有大豆储备库、生产加工车间、成品储藏车间、化验室、配电室共计1018平方米，并购进4套三级精炼油生产设备。项目采取"集体+公司+农户"的经营模式，生产所需大豆全部由本村农民提供，以增加农民收入。以绥农、黑农48等本地豆类为主，年可加工大豆600吨，生产笨榨豆油80吨、豆饼500吨，豆饼销售收入可抵顶大豆收购成本，所生产的笨榨豆油采取直销模式，与哈尔滨远大好百客超市签订协议，实现笨榨豆油的产销一体化发展。在扣除人工、水电等生产成本后，每年可实现纯收入

140万元。产业利益分配方案中，扣除贫困户带动增收额度后，村集体和农户按三七比例进行分配。

5. "小菜园"和"小牧园"

在村集体产业发展之外，前惠五村扶持贫困户开展"小菜园"和"小牧园"的种养殖业项目。农户与帮扶干部、县城消费者签订合同，在庭院中的小菜园、小牧园进行生产，帮扶干部帮助贫困户销售农副产品。这样既增进了贫困户与帮扶干部之间的情感，也能够在一定程度上调动贫困户生活的积极性和从事劳动生产的主动性。"授人以鱼不如授人以渔"，小菜园和小牧园是完全属于贫困户自己的产业，尤其是小牧园，贫困户可以通过牲畜的不断繁殖实现可持续增收。只要贫困户精心经营自己的小菜园和小牧园，便能拥有一份主要的收入来源。

实际上，前惠五村的产业扶贫项目不仅产生了经济效益，直接带动贫困户脱贫，也产生了社会效益，激励贫困户通过自力更生改变自己的生活状态，实现扶贫与扶志的结合。如在筋饼生产车间打工的某贫困村民讲道，"以前常常羡慕南方的女人可以在家周围厂子干活，一直特别希望自己家乡能有个厂子，现在我也不用去外地了，这份工作比较自由，我还可以在家照顾父母"。在筋饼生产车间工作之前，这位村民曾去过哈尔滨、北京、长春等多地打工，干的都是最苦最累的活，不仅生活极不稳定，也无暇顾及瘫痪在床的父亲。自2018年12月筋饼生产车间开业以来，她回乡上班，一天可以做1500张筋饼，一张7分钱工钱，正常情况下每天收入都可以超过100元，一个月收入3000—4000元。产业扶贫项目使这些有劳动能力的村民，通过自己的劳动改变了生活，也更加坚定了他们创造明天更好生活的信心。

通过村级扶贫产业项目的发展，前惠五村贫困户每户至少能获得一项产业的支持，不仅拓宽了他们的增收渠道，也激发了贫困户的主动性和积极性。更为重要的是，前惠五村村集体实力的增强，可以提高村庄内部发展动能，在村集体成员遇到困难时，可以不依靠国家的力量，对困难人群直接进行帮助。

第七章

村级参与扶贫治理：
望奎县厢黄后三村的故事

脱贫攻坚是一项系统工程，党和国家从顶层设计高度加以重视，脱贫攻坚也是习近平总书记始终牵挂着的头等大事，是国家发展宏伟蓝图中的重要一笔。作为一项系统工程，脱贫攻坚已经形成"中央统筹、省负总责、市县抓落实"的工作机制。"书记和省（市、县）长挂帅"、"五级书记抓扶贫"、"各级部门齐抓共管"、"政府主导和社会参与相结合"等说法正充分表明脱贫攻坚在我国整个政治、行政与社会架构中的重要性和受重视程度。为此，国家在充分保障脱贫攻坚资金用度的同时，也非常重视从上到下、纵贯到底的扶贫治理体制机制的形成。

实际上，已经有学者提出，中国开展的脱贫攻坚不仅仅是单纯地消除农村绝对贫困的经济社会行动，更是一种治国理政的新的政治实践①。也就是说，应该在关注脱贫攻坚的经济社会意义的同时，更要注重总结脱贫攻坚过程中所浮现出来的治理内涵和治理经验。望奎县的扶贫办主任曾经说过这样一句话："治国稳不稳，关键在农村"，已经透露出农村脱贫攻坚实际上就是治国理政的最好诠释。从中央到地方，脱贫攻坚已经成为各级党委政府的中心任务之一，整个过程都体现了资源和政策从上到下的纵贯一致性，脱贫攻坚的目标一致也使得这项工程不断突破着行政科层"条块"分割的体制旧疾。即脱贫攻坚从中央到省、市、县、乡各级政权的通道已经被打通，繁复的旧

---

① 参见李小云、吴一凡、武晋：《精准脱贫：中国治国理政的新实践》，《华中农业大学学报（社会科学版）》2019 年第 5 期。

科层体制也逐渐地出现"逆科层化"和"扁平化"，这在县级政权的统筹协调和乡级政权的政策执行中都得到了体现。围绕着脱贫攻坚，从中央到省到市再到县到乡的这一条线路已浮现出良性化的治理经验。

在这样的情况下，值得思考的问题是：村级作为一个社会性的建制，是如何应对和承接脱贫攻坚这项任务的？为此，本部分将试图通过望奎县莲花镇厢黄后三村的扶贫治理实践，呈现打通脱贫攻坚的"最后一公里"——村级脱贫扶贫治理的机制与经验。

一、村庄概况

厢黄后三村（以下简称后三村）隶属望奎县莲花镇，位于望奎县东北部。全村土地面积14692亩，总人口580户、2190人，党员64人。从开展精准扶贫工作到退出贫困村，后三村的贫困户从63户降到4户，贫困人口从167人减为9人，贫困发生率从7.62%降低至0.41%。目前村里的贫困人口主要是因病和因残致贫。后三村已经实现"三通三有"，是望奎县首批脱贫出列的贫困村。

在经过了脱贫攻坚过程后，后三村从当年的贫困、"脏乱差"中重获新生，摇身一变为光鲜亮丽的新农村建设示范村、富美和谐的美丽乡村，被评为黑龙江省级生态村；由村集体经济空白、村庄一贫如洗，到现在拥有52栋温室日光大棚、5个具有地方特色的传统手工作坊；由之前的垃圾乱堆乱放、臭水横流的村庄改善为现在的生态宜居村，道路交通、人畜饮水等基础设施条件得到极大提高，全部村民早已吃上安全卫生的自来水，村庄内的道路全部铺设成为水泥路，田间道路硬化17公里，桥梁修建了8座，乡亲们的出行和生产生活畅通无阻……村内累计改造危房58户，老百姓在北国刺骨的冬天里再也不受寒冷的肆意欺负。村庄也在党和国家的大力支持下拥有自己的新型卫生室，确保了乡亲们小病不出村。村庄文化一派繁荣，作为满族村，后三村组织了"满族文化"大舞台，每年吸引来自远近各地上万人次观看……展现在我们眼前的是一个欣欣向荣、充满希望的北国特色文化村落，她正在脱贫攻坚中以焕然一新的面貌阔步前进。

为什么后三村可以在短短三五年时间里旧貌换新颜，发生翻天覆地的变化？甚至比望奎县其他具备同等条件的村庄表现出更快一步的发展速度？党和国家的政策支持、地方政府的倾情相助已毋庸赘言。经过一番调研，发现这个村庄的脱贫攻坚经验中蕴藏着非常独特的密码。这需要到后三村的历史故事中去寻找。

二、直面贫穷与治理涣散

2005 年之前，后三村的村庄治理可以用"极为混乱"来形容，是当地出了名的贫困村和软弱涣散村。据现任村支书王福成回忆，那时候，村里尚未发包的集体机动土地有几百亩被村里的恶霸"占着"，村里的水库也被他们"霸着"，"在东北，凡是有水的，老百姓都能吃上鱼，我们村那时候就不行，老百姓吃个鱼都吃不着。你要去了，村霸把镰刀架你脖子上"。之所以出现这样的局面，是因为村霸和村集体签订的合同里有很多"霸王"条款，但是村委会和村民代表、普通群众都敢怒不敢言，对合同也不敢提出任何质疑。更严重的是，村霸霸占机动地不但未向村集体缴纳租金，还不允许村民使用水库蓄水灌溉。结果，村集体的机动地和水库这两样最重要的集体资源严重流失，没有发挥为村民生产生活服务的作用。

十四年前，后三村的村民生活一切都指望着农业，收入较低。一个只有两三百户的自然屯，却有 300 多亩土地处于流失状态，既无法为村集体增收，也未实现服务村民的作用。村里农田水利设施失修，部分农田无法灌溉，也限制了村民收入水平增长。另外，公共资源的流失也使村集体失去了经济积累的基础。无法对村霸形成有效制约，也证明了村干部的无能。王福成回忆道："当时老百姓要吃饱饭，想包地还不行，没人能控制得了村集体的机动地，村里的很多资源都是被少数人垄断着。临近西屯的村有个原来的书记，他在莲花镇上伙同一帮混混，平时动不动就砸老百姓家的玻璃，控制左右邻村的粮食只能卖给他，而且把价格压得很低。村民往外卖苞米他不让，外面采购的车进来他就砸，后来他又霸占了北边两个村。"因此，在那样治理涣散的环境下，整个村庄的经济发展都很乏力。本来作为村庄精英的村干部也没能带领起村民搞好生产、为群众服好务，没有发挥应有的治理机能，使村庄经济被一小撮人汲取和打压。取消农业税后，当各地农村普遍开始依赖国家财政支持的各种项目资源下乡来改善农业生产条件和农民生活水平时，后三村反而出现了害怕有资源、害怕有项目的现象。因为村干部不敢触动村霸的利益，有资源了也不会为村民所共享，有项目也难做到为村民服务。2005年，村支部改选，莲花镇政府动员在外做生意的王福成回乡参选，期望利用能人改变后三村。王福成顺利当选村支书，但他起初在村里落地一些项目的行动也遭到了村霸的抵制，很多惠民项目无法开展。"以前村民喝不上好水，我说第一项应该把水解决，就向望奎县水务局申请给村里接自来水。接自来水的时候就遇到村霸搞破坏，他们晚上把我们白天挖好的管线给扎上窟窿，等把水井打完了放水的时候，很多地方没有水。经常遇到这事儿，村里干点事很困难。这样的事情还有很多。"村庄治理结构与社会秩序得不到改善，任何资源、多少资源都会被少数人利用或破坏，难以服务普通百姓。

东北地区农村农民的生活水平与土地密切相关，种什么、收益怎样，决定了农民的收入情况。村庄经济长期得不到发展，一是与村霸霸占公共资源有关，二是与村庄内部没有一个可带领村民脱贫致富的领导班子有关。当时的村两委软弱涣散，无法带领村民发展经济，如调整农业种植结构、带领或引导农村闲置劳动力外出务工等。在精准扶贫战略、脱贫攻坚战开启之前的后三村，经济贫困与治理失序成为一个问题的两个方面，因此要解决贫穷，首先要解决治理问题。

三、请回一个好书记：以治理带扶贫

2005 年，后三村党支部到了换届选举的时间，莲花镇党委和政府决定利用这个契机"引进能人"，扭转这个村的面貌。时任莲花镇党委书记也认识到，镇党委和镇政府已经几次尝试改变后三村的这种局面，依靠村内"留守的村民"看来行不通，很难改变躲村霸、怕村霸的意识。村里已经找不出一个可担当的能人带领村民做事、带动村庄发展。"外来的和尚好念经"，是否可以尝试把村里走出去的能人请回来？于是，他们征集后三村村干部的意见，想到了王福成。

王福成是土生土长的后三村人，16 岁时离开村子到大庆务工，后来做起了生意，干起了一番事业，成为远近闻名的能人。当时，他在大庆做生意，年收入三十万到五十万，并在大庆市购房安了家。当王福成一家人在大庆市过着富足、幸福的生活时，他的家乡后三村却是一片狼藉和破败不堪，村民生活十分困难。因此，莲花镇党委书记带着村民亲自到大庆，向王福成说明后三村面临的问题和乡亲们的期待，他为诚意所动，决定返回家乡挑起后三村治理与发展的重担。

（一）传承父亲的使命，做乡亲们的好干部

王福成的父亲原来就是莲花镇政府林业站的站长，生前最看不惯的是村干部在其位不谋其政。父亲生前的勤恳工作，王福成从小就看

在眼里。"他（父亲）总是这么说，村干部不为民做实事，那还能叫干部吗？他特别反对的就是这种。村民信赖我，我很感动，我说不管我爱人怎么反对我，我都要回去。我 2005 年回来，父亲 2006 年就去世了。去世前，他把我叫到身边，对我说'儿子你既然选择了就要负责，多为老百姓做事吧'。"就这样，尽管回村后各方面条件都不如大庆城里，大庆的生意也要舍弃一大部分，但是有村民的信任和父亲的嘱托，王福成坚持要回来，坚决要留下来，坚定了要带领村民干事创业的信念。他说，这与村民们的信赖有关，还与父亲生前的嘱托密切相关。

"我追求的是这个，这里是生我养我的土地，再加上父老乡亲对我的高度认可，还有这种感情。我父亲临终的遗言，还有我们县里的书记县长、镇党委，对我的支持和高看。所以我想人这一生，有些事是有失有得的。你既然做了，像家庭过日子似的，把它过好。就说我选择回到这个村子，这个村就归我管了，不是说我咋争强好胜，我就想在莲花镇这边把我们村搞成第一，我就想我们村里的老百姓被别人一瞅，哟，厢黄后三村的人。这样的话我就等于没白活。"

回到后三村时，王福成家原来在村里的房子已经坍塌，为此他先后在村里弃用的小学旧校园、废弃的水房里住过，直到村委会盖起了办公楼，给他单独分了一个办公室兼宿舍，他的居住条件才有了改善。但是，这并不影响他改变后三村面貌的决心。

王福成新组建的村两委班子做的第一件事就是理清村集体的公共资产，将机动土地、水库等收归集体，重新发包。这样村民就增加了土地，有了土地也就有了脱贫的希望。村里也靠发包土地有了集体收入，村集体收入开始慢慢积累。村委会向县财政申请了 400 万元的项目修建了闸门和灌溉设施，水库的利用价值得到提升，尤其是其新增的灌溉能力使村内 1000 多亩的低洼土地具备灌溉条件、成功改造成稻田，增加了 20 多户村民的收入。

（二）干部团结一心，两委班子 14 年稳固如山

王福成先从村主任干起，后来当选为村主任兼村支书。村级层面的精准扶贫工作的核心组织是一个稳定、有力的村两委班子，以确保村级组织对政策理解和政策落实的连贯性。自 2005 年以来，后三村在莲花镇和望奎县委、县政府的领导和支持下，通过民主选举将村两委中原来的"毒瘤"清理了出去。新的村两委班子在村级事务中充分践行村民自治、发扬村民民主，村里不管遇到任何集体层面的事都要召开村民代表大会，广泛听取村民的意见建议。在后三村，村民代表会议也决不是空洞的摆设。就像村支书王福成说的那样，村里的大事小情全都要经过村民代表的同意，"我们村跟别的村不一样，别的村可能最多也就 10 来个村民代表，我们村民代表一共有 53 个，而且还有八九个妇女代表，村里的事儿也必须要有妇女的参与"。通过这样的过程，后三村的政治环境也得到了净化，以前的贿选、送礼、请客吃饭等现象也逐渐消失。"我经常给村干部们讲，你看咱没给老百姓买过一支烟，人老百姓把票给咱们了，我们必须对得起老百姓给咱的那张选票。"

当村两委能够真正地代表全体村民的利益时，村民自治组织才能获得百姓认可，才能保持较为稳定的治理组织结构。总人口只有 2100 人、常住人口 1000 出头的后三村，已经在村支书和镇党委的带领下发展起了 63 名党员，党员比例在当地遥遥领先于其他村庄。后三村村委成员 7 人，支委成员 5 人，还有 4 个村庄治安员（负责调解村民矛盾），这 16 名班子成员自 2005 年以来始终保持着老百姓对他们的信任。因为日常议事过程中坚持民主决策，干部们之间也没有嫌隙，紧密团结在一起。后三村的这支村两委队伍充满着活力，其集体口号是："党的领导在后三，我是党员我争先！"每一名党员代表都坚持一句话承诺（见表 1），把走群众路线铭记于心，稳定和高效的

村两委组织构成了脱贫攻坚的坚实基础。

表1　厢黄后三村党员代表的一句话承诺

党员姓名	类别	一句话承诺
王福成	党支部书记	宏胆揣测梦想，脚踏实地真干，卓有实效开花，铸就辉煌硕果。
高元波	党支部委员	带党员争先，促支部创优，践行宗旨，服务群众。
张付余	党支部委员	珍惜村发展机遇，维护村落团结局面。
刘凤林	党支部委员	牢记村干部身份，勤勤恳恳为村民服务。
高风彬	党支部委员	照章办事，专心做事。
丛冬玲	党建记录员	展巾帼风采，为红盾争辉。
王德中	普通党员	安全驾驶，从党员带头做起，从我做起。
韩兴国	普通党员	发挥党员表率作用，为后三村经济发展作贡献。
邹立彬	普通党员	老骥伏枥夕阳红，壮心不已献余晖。
邵印彬	党小组组长	做志愿劝解员，建干净后三村。
高伟峰	普通党员	工作争先，业绩争先，服务争先。
刘艳辉	普通党员	忠于职守，勤勉尽责，优质服务。
周　生	普通党员	发挥余热，再尽余力。
马淑艳	普通党员	抓好学习，与时俱进，永远跟党走。
刘人杰	普通党员	努力搞好村庄美化建设，心系村民。
史佳梅	普通党员	用心想事，用心谋事，用心做事。
耿　柱	普通党员	尽心尽力，做绿水青山守护人。
刘景波	普通党员	生命不息，奉献不止。
初力铭	普通党员	严家规，守村规，以身作则树文明新风。
满永涛	党小组组长	热爱家乡，带领满族特色基地发展。
耿永福	党小组组长	做大绿色产业，帮扶村民开好农家乐旅游设施。
耿　玉	党小组组长	认真学习，老实做人，干净做事。
王福禄	普通党员	讲规矩，有纪律有行为有准则做事有依据。
国春力	普通党员	志存高远，脚踏实地，争做合格党员。
马春风	普通党员	积极配合村各项中心工作开展。
刘义勇	普通党员	发扬螺丝钉精神，虽小但不遗余力，为村级发展出谋划策。
高德贵	普通党员	在平凡的岗位上做一名党员应尽的义务。

（三）精准识别：班子稳定是基础

我们说，村庄社会是一个模糊和复杂的人情社会，不仅千家万户的经济收入精准测算存在困难，每家每户背后的社会关系等各种情况，使精准识别和决断工作更加复杂。因此，精准识别和精准脱贫，最关键的还是要发挥村级干部的作用，因为他们是最了解村庄和村民实际情况的，是确保精准识别和精准帮扶的基础和关键。

在精准识别环节，"我们先按照国家的政策进行宣传，宣传完召开村民代表大会，村民代表和党员总共 80 多个人参加。我们先按村民小组评，村干部带着村民代表一家一户地捋，谁家够条件、谁家不够条件，先初步定下来。然后，再拿到村民代表大会上统一审定。审定后，还要在村上贴公告，报到镇委、镇政府，最后报到县里。我们只要工作做得实在，选出来的贫困户是真的贫困户、最贫困的那些人，就没有人出来提出反对意见"。村两委也会格外注意，避免优亲厚友现象的发生。"我一个舅舅找我了，但是他不够贫困户标准，我就劝他不要参评，评也评不上。"王福成说。

（四）精准帮扶："村干部多想想办法"

精准识别出贫困户之后，精准帮扶环节依然是根据每家每户的致贫原因与可行的条件因户施策，实际上仍然离不开村干部。因此，不管是精准识别还是精准帮扶，稳定的村两委班子和干部队伍，是其基本前提。

在精准扶贫中，对身强力壮、有经营头脑的贫困户，村里为他们想了不同的办法，注重增强贫困户脱贫的内生动力，指导他们自力更生摆脱贫困。脱贫的 63 个贫困户中，有 5 户是通过自己的努力脱离了贫困，拥有了脱贫靠自己的能力。

"建档立卡的贫困户刘志彬就是一个很好的榜样。有一次，他在给村里修建满族文化大舞台的工程干义务工时，看到剩下了一些边角料不能用了，他给村里建议这些还可以卖掉，不能浪费。村里感觉到他还具备做点小生意的头脑，便想倒卖给他，并支持他开展收废品的生意。此后，刘志斌就开始开着摩托三轮车在周边村收废品，从最初每天收入几十元到每月固定 2000 元，逐渐实现每天收入近 200 元。他更换了更大一点的车，方便收购更多废品。他同时也是村里生态扶贫的护林员，每年可获得 2500 元的收入，光伏发电也能给他分红1500—2000 元不等。所以，每年他这几项收入至少也有 45000 元，还不包括他自家土地上的收入。我想呢，只要我们村干部多想想办法，多吃点苦，村里多费点心思来引导他们，鼓励他们自己创造价值，这是更好的改变，更好的（一种）脱贫致富的思路。"王福成说。

（五）干部群众义务劳动，共同参与精准扶贫

后三村启动精准扶贫工作以后，修路、硬化路边水沟、更新自来水设备、建设果蔬大棚园区、危房改造、村庄环境卫生等项目都需要大量的人力支持。在村支书的号召下，村两委班子讨论并达成了一个不成文的约定——每名村两委班子成员每年争取为村集体、为老百姓出 80 个义务工，同心协力把村庄建设好，把村民生活改善好。这一号召不光得到干部们的同意，也得到全村老百姓的积极响应。只要有能力的村民，都会参与到村庄建设中来。一方面是各种扶贫项目为老百姓带来实实在在的好处，另一方面则是村干部真正走进了群众的心里，使群众都看到了村庄发展的希望，呈现出高涨的热情。

"我们村干部每年为村里干活得干够 80 天，必须是自己劳动，不能用其他工作代替。现在国家给我们提供这么多的帮助，我们也不能干等着国家帮，不能啥事都靠国家啊！村上栽树、修广场、修路、搬

砖砌砖这些活儿，只要我们能干，就都是我们自己干。村里的贫困户危房改造工作，我们干部和有能力的非贫困户基本上是家家参与。去年危房改造的时候建筑材料紧张，我们就派人去跑材料（市场），这都是没有工钱的，义务的。我们盖大棚，也是这样，谁家有条件贡献点啥就贡献点啥，谁有能力贡献点啥就贡献点啥。"王福成说。

脱贫攻坚工作和其他工作一样，关键因素是人——这不仅是指上级选派的帮扶工作队和第一书记等人才保障很重要，来自村庄社会内部的自下而上的配合、支持和响应也非常关键。后三村从全镇排名垫底的村发展成走在全县前列的村，大量的资源支持是一个方面的原因，但来自贫困村干部群众的自力更生和艰苦奋斗精神是更重要的原因，也是脱贫致富内生动力的充分体现。

"各村的书记跟书记不一样，干部跟干部不一样，老百姓也都不一样。我认为还是因为后三村有个好的带头人，老百姓的凝聚力、号召力，都得靠支部书记去带动，靠班子团结，加上老百姓拥护。比如咱们（乡里、县里）提出点啥事儿，在别的村儿不一定能实施，老百姓都会有'怎么拆我们家院墙、怎么占我们家地'这样的意见，但是在后三村就不存在这些杂音。支部书记有威望，干部一带头，老百姓都没啥可说的。比如去年春节的时候，我们出义务工栽树挖坑，可能就全国范围来说，在农村做到出义务工都是极为困难的。在后三村却不是如此。需要出义务工时，村里大喇叭一喊，一家出一个义务工，明说不给工资，一次就能召集100多个人来做义务工。去年开春栽树的时候，有一个老大娘，七十多岁了也来参加栽树。我说大娘你都这么大岁数了还来干嘛了。大娘说，'你看大家伙都来干，我不干，不叫人笑话嘛，再说我儿子是党员啊'。这是原话，给我说得都非常感动。老大娘的精神非常值得我们学习。每次出义务工的时候，七十多岁的老爷子老太太还真的特别多，王书记都招呼着他们别来了，他们就说'你看我不能挖坑那我扶树苗子呗'，都是尽心尽意特别能干，特别支持咱们的工作。那个场景就像回到大集体的年代，非常温暖。中午，大家往路边一坐，一起吃点馒头吃点咸菜，都没有一句怨言。这种情况在扶贫工作开展以前是不曾想象的，要是村里没这么大变化，老百姓看不见这些变化，他们能这么支持吗？肯定不能。如果同样的项目同样的资金投到别的村，这些工作不一定就能完成得这么好，一些项目可能就会闲置了或者耽搁了。就像一些扶贫项目，启动不起来，没有成效，资金不就白投了吗？我们在村里投资之前肯定也考虑到这一点，就是人的这一点，慎重考虑这些项目能不能在村里扎下根去。"莲花镇镇长苏放说。

（六）发挥村干部和驻村工作队的两种优势

在村级治理助推脱贫攻坚的能量充分释放的基础上，若能再发挥好驻村工作队和第一书记的优势，那么对于脱贫攻坚的推进来说就是如虎添翼。后三村的脱贫帮扶单位是望奎县人力资源和社会保障局的就业服务中心，帮扶单位派驻村庄4名扶贫工作队员。工作队在村里除了承担常规性工作之外，也发挥其部门优势，带动村里的贫困劳动力外出务工、增加收入。就像后三村第一书记赵德友所说的那样："以前后三村出去打工的很少，除了种地就是玩儿、打麻将。不光上年纪的这样，年轻小伙子们，不上学了也搁家蹓跶、玩麻将。现在这个状态完全改变了。通过我们就业服务中心介绍，带动了四五十个劳动力出去打工。我有时候就劝他们，你没事就出去干，出去锻炼去。我也有朋友在山东海尔公司里上班，是负责招工的，给我转达很多招工信息，我再把信息传给村民。以前他们真的是找不到就业渠道，没有打工的路子，有时候还可能被骗。我们虽然年年宣传，他们也不敢去。现在我们来到他们家门前，面对面跟他讲，老百姓相信我们。"

村里的闲置劳动力之所以没有外出打工，主要原因是务工需求与就业机会信息的不对称。当帮扶单位搭建起这样一个信息平台之后，村民外出务工的渠道也逐渐变得更加顺畅。在其他各种事项中，驻村工作队和村干部之间也都建立起了密切合作的工作机制。

"我们和王福成书记处得很好，我俩没事就坐一起商量这些事儿，比如说马上就要建个满族特色的图书馆，都是我和王书记一起商量着干。人家王书记是村上的，不管干什么事都跟咱问问这样合适吗，我们都提提建议，觉得没问题的就上报。可以这么说，咱搁这块主要还是配合人家王书记的工作。有啥事咱可以提提建议，人家王书记不管啥事儿都处理得挺好了。"第一书记赵德友说。

正是在理顺了村庄治理结构、树立起村庄公平正义的良好风尚、充分发挥村庄内外多重优势的基础上，后三村不仅精准扶贫工作进展顺利，村庄整体规划和开发的各项工作也都获得了村民一致认可。这也给其他地方的脱贫攻坚工作提供了一种经验。尤其是那些正面对着内生动力不足、干部群众"等靠要"思想比较严重等问题的贫困村，应考虑从村庄治理的角度切入，将脱贫攻坚工作作为村庄治理能力改造升级的契机，建立起一个民主、平等、干部群众齐力参与的治理机制，实现村庄资源的公平分配，做好脱贫攻坚乃至长远发展工作。

四、以"强基础"打造宜居生态的乡村风貌

多年来，"水"和"路"这两大难题一直制约着厢黄后三村的经济发展，也困扰着户域经济增收和村民的家庭生活，"吃自来水、修硬化路"成了村里几代人的梦想。

"以前村里人喝的是几十米深的地表水，小井旁边拴着牲畜，甚至有的人家水井旁边就是厕所，人吃了肯定不健康……以前的村道路都是土路，冬天下雪、夏天下雨的时候，就在路面上铺一层沙子，很难走。之前很多小贩来村上收购农产品，从这个屯到那个屯开车要很长时间，路面太烂了。大车都进不去地里，都需要人力把苞米啥的运

到公路上给小贩拉走。"后三村会计张付余说。

在"吃水难"和"行路难"的问题上，后三村充分利用财政扶贫和"一事一议""筹资筹劳"的政策，借扶贫财力和"村村通"的补贴政策兴村惠民，分别于 2006 年和 2007 年，申请到了水利专项资金 200 万元，打了两眼 120 米的深水井，让全村人吃上了自来水；同时又在"路路通"专项资金 60 万元基础上自筹 63 万元配套资金，建成了贯通东西屯的 3.5 米宽、3 公里长的硬化路，连接到通乡公路。2016 年投入 180 万元少数民族发展资金建田间农桥 3 座，2018 年又借助贫困村扶贫项目，把 6 公里的田间路也全部硬化。2019 年，村屯街道 14 公里全部实现硬化。后三村彻底告别了"晴天一身灰、雨天一脚泥、车辆难行走、卖啥卖不出"的艰难岁月。

村庄环境好了，村民才会有幸福感和归属感。因此，改善人居环境是王福成书记朝思夜想的事情。本着"没钱也干事、有钱干成事、大钱办大事"的原则，他带领村两委班子，大力发展基础设施建设。后三村先后投资 20 万元栽植了街道林、护屯林，并拓宽两个屯的主街道，打造了绿化带，累计栽植唐槭、樟松、云杉、丁香、苹果、垂柳等树木 5 万棵，每年在街道两侧种植花卉 2 万株，实现了村屯绿化美化全覆盖，安装路灯 60 盏，广场高杆射灯 1 盏，实现"亮化"全覆盖。每个屯都配置了垃圾清运车和清运队伍，并设置了垃圾处理点，保证了村屯垃圾每天清运和掩埋。全村的绿化、美化、香化、亮化水平大幅度提升，真正打造成了"面子美、里子更美"的绿色家园。全村有线电视入户率入网率达到 99%，泥草房和危房改造 66 户，全村砖瓦化率达到 95% 以上，出现了安居乐业的好景象。他带领全村党员干部及广大村民由"十化"文明村目标向特色民族村寨迈出了可喜的一步。

"之前我们村只有主街是一条板路，现在全部街道都修了柏油路面，还有路边沟，现在下雨天出门再也不用穿水靴子了，听说明年主道还要加宽。以前的水都是小水井打的不安全的地表水，现在改完水了都是安全的了，水费一年也就十几块钱。以前的小井水只用来浇菜园子了。我老伴右肾切除，只能一直戴尿袋，没有劳动能力，生活需要照顾。最近村里搞厕所改造也很好，我家厕所改造以后，她再也不用去外面上厕所了。"后三村贫困户刘志斌说。

"我们家里住的泥草房 50 多年了，老土房子不冷，但是瞅着害怕，怕塌。国家给我们补助了 2 万 8000 元重新盖房子，当时真没想到能给这么多钱。现在新翻的房子 63 平米，我们家老太太住里屋，我和老伴住外屋。屋里用苞米芯烧暖气，冬天很暖和……现在村里道路宽了，路边还都种上鲜花，村里既干净又好看。"后三村贫困户王雅荣说。

后三村基础设施的建设，不仅实现了贫困户"两不愁三保障"，同时也为村庄经济的发展提供了物质基础，为走向乡村振兴，成为生态宜居的幸福村做好了准备。

五、在扶贫体制中再造村庄经济

要实现村庄的脱贫成效可持续，还需要打造充满活力的村庄经济。厢黄后三村的集体经济曾经一片空白，甚至村庄的公共资源一度得不到合理利用，然而在扶贫体制中形成了形式多样的村庄经济，为后扶贫攻坚时代的乡村振兴奠定了基础。

在帮助农民增收方面，厢黄后三村采取两条腿走路的方式，一方面推进农户自主努力，通过调整种植结构、外出务工等方式创收增收，另一方面则通过推动集体经济发展，实现村民分红。在村两委的倡导下，村民调整了当地农作物种植结构，增加经济作物的种植比例，如因地制宜地增加红小豆、优质大豆、辣椒等作物种植面积，每亩增加收入 200—300 元。通过小微产业扶贫，脚踏实地地开展脱贫攻坚。村里打造多种多样的集体经济是厢黄后三村打造产业扶贫的亮点。

首先是光伏发电项目。2018 年，后三村建设了一个 300 万千瓦的光伏电站，设备和施工费等基本上全部由国家财政出资，村民在建设过程中投工投劳，出义务工。当年，由于建成时间晚、发电量少，年底只收入 1 万多元，但也拿出 6240 元为 8 户贫困户分红，每家分红 780 元，村集体余留 4000 元搞村庄基本建设和公益事业。后三村预计未来每年光伏发电项目将创收 10 万元左右，村集体会拿出 80%左右为贫困户分红，保障其收入，剩下的 20%作为村集体收入。

其次是建设村集体农业产业。在县扶贫办和县民宗局的帮扶下，后三村建设起 36 栋温室日光大棚，栽植大樱桃 800 株。其中 6 栋樱桃大棚是村集体自营，所有的收入归村集体所有。其余棚室采取了股份制的经营方式，村集体和承包方按三七比例分配收益，吸引域外家乡人员返乡创业，充分利用其成熟的大樱桃种植技术和销售渠道发展棚室产业。2017 年，在县民政局的支持下建设了 5 栋温室和 20 栋日光大棚，采用承包的方式，承包费每年 8 万元，带动了 7 户贫困户，每户每年分红 1200 元。同时，也解决了十几个贫困户劳动力在棚室内务工的问题，人均年收入超过 4000 元。

2019 年，后三村获得望奎县扶贫项目支持，建成 5 个传统手工作坊项目，包括纯粮食酒酿作坊、笨榨油坊、绿色豆制品作坊、绿色豆包卷饼作坊和农家酱坊。所有项目均采用承包经营的模式，承包人是 4 个返乡青年务工人员。他们在村支书王福成的鼓励下，结束在外务工的生活，返乡创业。王福成认为，年轻人返乡，会使得村里的发展更有活力、更有后劲儿。这几个项目全部投入生产后，可为 15 户贫困户带来收入，每户每年可分红 1000—1500 元，同时为贫困户提供就业岗位 15 个，人均年收入在 7500—12000 元之间。通过立足本地的农业资源禀赋，后三村正在尝试延长农业产业链条，慢慢开发本地农产品的附加值，从而提高农民的经济收入。

后三村正在进行琴弦加工厂的建设工作。这个厂建成后，可保障30—50人就业。"先让村里的产业兴旺起来，外面的年轻人就都跟着回来了，村里不但有人，还有很多年轻人，有文化有资本的人，这样以后还愁村子不发展吗？现在年轻的小夫妻在外面一年，辛辛苦苦挣个五六万块钱。以后回来村里的厂子上班，一年种地加打工，也能挣个五六万，还能家庭团聚，老人孩子都能顾上。"王福成说。

除了集体经济外，致富带头人的帮扶力量也极大地提升了贫困户的内生动力。47岁的于代杰在村里做农资生意20多年，还承包大片土地开展农业经营，包括500亩玉米、20亩红小豆、100亩辣椒，成为了村上有名的致富带头人。她的100亩辣椒地是在村委会支持下承包起来的，到了摘辣椒的季节，每天需要80个人，其中60%是贫困户成员，包括60多岁的老人。每个人摘辣椒1小时10元钱，一天可以干8—10个小时，每个人每天收入近100元。同时，于代杰还计划成立合作社，带动周围的贫困户一起种辣椒。

脱贫攻坚过程中所形成的形式多样的集体经济是村庄未来可持续发展的源泉，再加上致富带头人的个人带动，这都为实现乡村振兴战略中提出的产业兴旺这一目标奠定了基础。

六、文化治村：小舞台激发村庄活力

为了巩固脱贫攻坚的成果，丰富村民的精神文化生活，进一步提升脱贫摘帽后村庄的生机活力，后三村也开始兴办独具特色的"乡村文化大舞台"。厢黄后三村共有2个自然屯，一个是后三东屯，另一个是后三西屯。2011年，后三西屯建大舞台一个、文化广场3000平方米；2016年，后三东屯建设满族文化大舞台一个、文化广场

1200平方米，并配套了体育器材和农家书屋，驻村工作队在舞台上还建了一个显示屏。后三村与大庆市残联艺术团和绥化市、望奎县的多个文艺团体结成了对子，每年邀请他们到村里送文化下乡、义演。后三村还连续10余年举办了群众文化节，每场演出都有周边乡镇十里八村的人们来观看，观众达到近万人次，大大丰富了村民的文化生活，并倡导了一种积极健康的闲暇娱乐方式。

建设村里的"文化舞台"是村支书王福成的想法，得到了莲花镇委镇政府和望奎县文化部门的支持。近几年，县财政为后三村的文化建设事业配备了大量硬件设备，包括音响、灯光等，还提供了舞蹈服装、秧歌服装，以及各类舞蹈教学类的书籍。文化活动则是村民自己琢磨和编排设计的节目，利用农闲时间自导自演。其中，村支书王福成扮演了编导兼老师的角色，"一般都是我先琢磨，先自己看录像，完了我学会了再交给我们小舞队，平时我们没事儿就在一起排练，慢慢地大家参与进来的越来越多"。有了一定基础之后，后三村每年都会举办一次大型的农民文化艺术节，每次都有上万人前来观看。这也表明农村的老百姓对文化的确有很强烈的需求，只要是和他们生活贴近的、他们喜闻乐见的文化形式，都会受到他们的热烈欢迎。"现在十里八乡的老百姓都开始依赖我们（文化舞台）了，每到那时候就问我们村里啥时候办活动。办这么一次活动，也带动了经济（发展），村里有在广场上摆个烧烤摊儿的，一晚上能卖3000多块钱呢！还有卖水的、卖烟的、卖雪糕的，可热闹了。"王福成说。

文化活动的举办不仅活跃了村里的气氛，增加了村里的人气，还对群众产生了间接的文化教育功能。村里信邪教的没有了，赌博打牌的现象大大减少，彻底改变了"躺在炕上扯闲篇儿、赌博成风玩几圈、三五成帮喝大酒、四邻不和闹翻天"的陋习。越来越多的村民开始加入到广场舞练习中来，也越来越体会到文化活动带来的陶冶情操、强身健体的作用。就像村支书王福成在访谈中说的那样："我们自办的文化活动让乡亲们在文化生活上提高了档次，乡亲们的身体更加健康，精神上得到快乐，村里也充满了活力。"

"参加节目排练和表演的人，从年轻的 30 多岁的到 70 多岁的老人，都有。通过排练节目、演节目，可以把大家伙都团结在一块儿，一天到晚浑身都是劲儿，传播的都是正能量。如果不排练节目，乡亲们也就只能去天天打麻将了，搞得乌烟瘴气。"王福成说。

现在，后三村组建了自己的演出队，近两年都代表全县 109 个村在县文化节做专场演出。2018 年以来，村里深入开展了以"自强、感恩、文明"为主题的扶志教育活动，开展了"村贤榜"、"致富能人"、"状元星"等评选活动。这些文化活动形式丰富、内容生动，既提高了村民素质又推动了村风民风文明建设，既独创了村级民俗文化品牌又加快了富美和谐乡村建设的步伐。文化活动起到了促进村庄社会团结的作用，将整个村子的参与者和观众都紧密地凝聚在一起。

为实现打造"满族民俗特色旅游村"的目标，2019 年，通过王福成书记的努力，后三村与吉林省公主岭市应瑞轩文化民俗文化风情园签约立项，决定在后三村投资 3000 万元建设满族文化艺术馆，配套建设八旗图书馆、民俗博物馆、酒文化展馆和四合院等。现已完成部分基础设施建设。一个现代新型的有满风满韵满文化的旅游村寨正在逐渐形成。一股富有萨满文化和寒地黑土文化交融的文化清流注入了村民的心田，滋润着村民的幸福生活。

后三村的"文化治村"经验表明，脱贫攻坚过程中也需要适当地推进文化建设。脱贫也不只是盯着经济收入这一个指标，也要通过乡村文化建设更好地巩固脱贫攻坚的成果，让农民获得更强的幸福感。文化所能起到的凝心聚力、激发村庄活力的作用也能反过来推动脱贫攻坚的进行。后三村的村民们正是在这样一场文化运动中被凝聚、团结在一起，进而共同参与到村庄建设和发展中来。

七、总结

在望奎县调研期间，总能听到这么一句话："脱贫攻坚工作需要上下齐心，上面再使劲儿，下面不使劲儿，一切都白搭。"的确如此，在扶贫工作中，国家和各级政府的各项政策若要落到实处，真正地实现精准扶贫各环节的"精准"，最离不开的还是乡村基层干部，因为最了解每一家每一户具体情况的正是他们，将国家政策和资源落实对接到户到人的也正是他们。精准扶贫虽是国家主导，但其代理人却是乡村干部。在最基层的村庄层面上推进精准扶贫工作，有很多项目不光只涉及贫困户和贫困人口，"两不愁三保障"和产业扶贫等很多项目不仅要覆盖贫困户，也会关联到非贫困户。当其中一些事务涉及村民之间的矛盾和历史纠纷时，情况就更为复杂，精准扶贫推进起来也很困难。协调解决这些问题只能依靠村干部，而且还必须是能服众、有威望的在村干部。因此，只有将县、乡、村三级干部的力量共同激发出来，才能起到事半功倍的扶贫效果。这也就是本书所讲的打通脱贫攻坚中的"最后一公里"问题。

后三村的经验表明，要推动贫困村的发展和贫困户的脱贫，必须要在村庄治理层面上下足功夫，首先需要打造或培育一支村庄内生性干部队伍，只有拥有一群好的干部，才能摆平理顺村庄内部的不公平关系和资源分配关系，也才能在此基础上实现自治、法治和德治的融合式治理。良善的村庄治理秩序是调动全体村民共同参与村庄整体发展和建设的根基。或许全国各地在脱贫攻坚中遇到的所谓"内生动力不足"、"争当贫困户"、因扶贫资源分配不均导致的群众矛盾纠纷增加等现象，都需要首先解决村级治理的难题。只有形成一个服众、高效、民主自治的村两委班子，只有通过村规民约将干群紧密地联结在一起，才能更好地推进脱贫攻坚向纵深发展，也才能更好地巩固脱贫攻坚的成果。精准扶贫已经具备治国理政的实践特征和重大意义：后三村的"文化治村"实践也表明，精准脱贫决不只是实现经济收入的提高，而是经济富足、生态宜居、治理有效、乡风文明等诸多方面的协同统一，尤其要注重通过村民喜闻乐见的文化建设巩固脱贫攻坚的成果。脱贫攻坚巩固期，也应从以上诸多方面共同推进，实现脱贫攻坚和乡村振兴的有效衔接。

第八章

黑土地绽放幸福花：望奎县脱贫攻坚经验总结与前景展望

一分耕耘一分收获，几多风雨几多彩虹。在望奎县委县政府和各级帮扶班子的领导和努力下，"西洼荒，西洼荒，泥沟沟，烂洼塘，十年九涝不打粮"的贫困处境已经转变为一幅"黑土地上处处绽放幸福花"的美好画卷。前文已经一一将该"画卷"的绘制过程和具体细节进行了深入描述，本部分在阐述望奎县显著脱贫成效的基础上，对望奎县脱贫攻坚的经验进行总结，同时对全面推进乡村振兴进行展望，以期为望奎县可持续发展提供学理解释和政策建议。

一、望奎县脱贫攻坚的成效

2018 年 6 月，经过国家精准扶贫工作成效第三方评估检查组的评估，望奎县的综合贫困发生率降至 1.08%，扶贫成效的群众认可度为 96.8%，符合贫困县退出标准。同年 8 月 9 日，经国务院扶贫办批准，黑龙江省政府正式宣布望奎县脱贫"摘帽"。经过多年奋战，望奎县脱贫攻坚不仅取得了显著成效，同时因地制宜的脱贫经验也为东北地区其他贫困县的脱贫工作提供了借鉴。

（一）扶贫行动扭转落后思想

对于贫困户而言，望奎县的脱贫攻坚工作不仅解决了其个人的贫困问题、重拾对未来生活的希望，而且扭转了贫困户的"等靠要"思想，让他们充分认识到只有勤奋工作才能得到富裕的生活、才能得到他人的尊重。与此同时，扶贫工作也改变了扶贫干部的思想。在二十余年的扶贫工作中，望奎县百余名扶贫干部深入农村基层，和贫困户面对面交流互动，逐步深入展开各种类型的扶贫工作。在这个过程中，他们也进一步深刻感受到党中央所领导的脱贫攻坚战的重要性，也为本地扶贫工作取得的成就感到自豪。

"今年春天，我和我包扶的贫困户去签'小菜园'协议。春天是下种的季节，所以必须春天签，晚了没意义了。我先给他200块钱定金，签个简单的协议。贫困户不肯收，他说：'我还能拿你的200块钱？吃点菜你要我给你送去都可以'。到春节前，贫困户给我打电话，说他家养的鸡给我送两只，都杀好处理好了给我送。我们每年多次探望贫困户，有时候给他们提供一些帮助，帮他们出谋划策，大家都像亲戚朋友一样有了感情。这与干部帮扶的真心实意有关。我们不一定每次去农户家都能帮上忙，但是勤走访，了解他们的生产生活情况，力所能及地帮助人家解决一些问题。这样的投入，贫困户都看得清楚明白。我们投入的并不多，但是看到贫困户的改变、对我们的感激，也让我们感受到脱贫攻坚工作的重要性，也为自己所做的工作感到自豪，改变了我们县里干部对待工作的态度和思想。"（中共望奎县委组织部副部长张悦辉）

"扶贫干部一个月最少来三趟，有时候能来四趟五趟。如果没有他们的帮扶，我过不了今天的好生活。前年，我家孩子都要上不起学了，乡长亲自帮我家孩子联系好了学校。领导给了这么多帮助，党给了这么好的政策，咱们以后肯定不能什么事情都靠党，要尽自己最大的努力，尽量发展自己的事业，靠自己的力量赚钱过生活，也给孩子做一个好榜样。"（后三村贫困户陈兴利）

（二）扶贫政策重建家庭文化

扶贫攻坚成效最明显地体现在家庭层面，因为扶贫工作中的精准识别和精准帮扶均是以户为单位。通过访谈可以看出，望奎县的脱贫工作深入人心，其成效不仅解决了贫困户的吃穿问题，同时也激发了贫困户的内生动力，很多贫困户获得了相应的工作，通过自己的努力取得了收入。此外，帮扶干部的热情和关心也让贫困户感到了温情，使他们的精神生活变得丰富，对未来生活充满了信心。有效的扶贫工作推动了当地的产业发展，使得不少年轻人有机会返乡就业，同时可以兼顾家庭，照顾孩子、照顾老人，真正实现"老有所养，少有所依"的和谐风气，促进农村家庭和睦。

"目前我的心脏病病情比较稳定，日常吃药也有补贴。之前我家房子被评为 D 级危房，在党的政策扶持下也住进了新房子。我们家平常的收入来源有卖粮、低保补助及护林员工资，这些基本可以支撑我和老伴的日常开支。现在我年纪也大了，能过上这样的生活已经非常满足了。说到底还是要感谢党和政府。就拿村子的路来说，以前村里都是土路，出去上厕所要穿靴子，下雨天更别想出门了，出去都是泥，但是近几年通过政策的扶持以及村两委班子的努力，村里的路都硬化了，老百姓非常满意，再也不用穿着靴子出门了。而且村干部会经常来家里询问一下最近的情况，我们如果有什么困难他们会及时解决，有一次我生病要去医院做手术，书记二话没说开着车就带我去了医院。现在生活条件逐渐好了起来，我虽然年纪大了，但的的确确看到了生活的希望，对未来也有了盼头。"（后三乡厢白七村贫困户祁忠臣）

（三）脱贫工作营造和谐社会

脱贫攻坚的成就不仅是能够让贫困户摆脱贫困，实现"两不愁三保障"，让人民能够普遍享受到中国特色社会主义发展的果实，更进一步说，脱贫攻坚促进了和谐社会建设工作。其一，国家的政策支持温暖了人心，让贫困户对生活充满自信，促进了乡村的和谐发展；其二，扶贫工作队和村两委的扎实工作，让乡土社会重新焕发生机，丰富了人民的精神生活，促进了农村社区和谐发展；其三，改善了干群关系，让党的思想深入人心，拉近了群众和干部之间的距离，"有事找村上，村上给帮忙"，从老百姓的话语中可以看出村干部和第一书记已经成为了老百姓坚实的后盾。

"今年我跟王海清家签了'小菜园'协议，5月去他家走访时，他热情地拿出自己种的萝卜让我尝一下，我接过萝卜用袖子擦了一下就吃了，萝卜非常脆也非常甜。他还说今年蔬菜卖得很好，家里还有最好的菜没舍得卖，专门给我留着。临走前他硬要塞给我两筐菜，然后我拿出200块钱给他，一开始他坚决不要，后来我说你不要钱那这菜我也不要了，最后他只好接过钱，那时候我看他的眼眶都是红的。其实这两筐菜能值200块钱吗，我就是想多帮助一下他们。我也不图人家啥，说到底他们对我的信任和亲切让我觉得很温暖，让我知道我做的一切都是值得的。"（望奎县农业农村局局长刘文学）

"取消农业税之后，干部和百姓之间的联系相对减少了。我们县是一个农业县，经济发展相对落后，没有足够的财力和物力来切实解决老百姓生产生活方面的难题。脱贫攻坚工作展开后，我们县有3000多个干部下基层，实现了109个行政村全覆盖，干部们深入基层，对接农户，为百姓解决最基本的问题。这对缓和干群关系来说是一个机会，干部可以切身体会到基层百姓的生活，在处理各种琐碎问题的基础上也锻炼了自己的能力；而百姓也近距离感受到干部带给他们的温暖与帮助。可以说通过脱贫攻坚，打通了习总书记所说的农村'最后一公里'，拉近了党员干部和老百姓的距离。现阶段我们的干群关系、党群关系可以说处在一个最好的阶段了。"（中共望奎县委副书记马天民）

二、望奎县脱贫攻坚经验总结

（一）用良好的政治生态打造帮扶人"不惧硬"的精神

所谓政治生态，是指"政治系统内部各要素以及政治系统与外部各要素之间错综复杂而又相互关联的关系状态"①。国家治理一直都不是孤立存在的，脱贫攻坚作为国家治理的内容之一，必然要求有良好的政治生态做支撑②。望奎县脱贫攻坚展开伊始，县委县政府就把营造良好的政治生态作为打赢脱贫攻坚战的路径依托，面对政治思想不强和基层组织涣散的困境，县委县政府自上而下采取多种监管和鼓励举措，力求实现人心顺、正气足。

首先，望奎县委书记单伟红领导的扶贫班子总体布局谋划清晰，不断提高政治站位、端正政治态度、强化政治担当，以强烈的责任感、使命感和紧迫感做好脱贫攻坚工作。县乡村和各部门层层召开形势分析会，在思想上形成高度统一，杜绝了"船到码头车到站"的错误思想。其次，在责任落实方面，县乡村和各部门坚持队伍不散、人员不撤、责任不变，保持工作连续性，压实驻村帮扶和干部帮扶等责任，始终拧紧责任链条。县委县政府督察室对脱贫攻坚每项工作都实行清单式管理、倒逼式推进，一月一总结、一月一通报。再次，坚持网络化管理协调体系。望奎县坚持统筹各方面力量，调动各方面积极性，引领各类主体协同发力，构建专项扶贫、行业扶贫和社会扶贫

---

① 参见陈朋：《大数据赋能的政治生态检测预警——邳州实践探索的经验启示》，《探索》2019 年第 2 期。

② 参见陈朋：《政治生态建设 70 年：历史经验、内在逻辑与前景展望》，《科学社会主义》2019 年第 5 期。

互为补充的"大扶贫"格局。同时充分发挥统筹协调作用，进一步加强发改、财改、扶贫等部门的配合联动，统筹抓好扶贫规划、项目布局和资金安排，最大化地发挥扶贫资金使用效益。最后，全县不断净化民风和社会风气，对于基层"官商勾结"、"官官勾结"和"官霸勾结"的腐败现象予以严厉打击，对于红白喜事"大操大办"、赌博犯罪严重，以及"等靠要"思想盛行等现象通过基层组织和文化活动建设扭转不正之风。

通过以上的政治生态建设助力了帮扶人"不惧硬"的精神。一是不惧贫困村的恶劣环境。无论是驻村工作队还是村两委班子坚持在办公条件简陋的情况下工作，坚持在凛冽的寒风中入户走访，坚持顿顿吃大白菜炖土豆。二是不惧"村霸"威胁。精英俘获是扶贫腐败发生的主要机理①，驻村工作队将外部力量嵌入，健全村民自治制度，不惧"村霸"威胁，严厉打击黑恶势力，为脱贫攻坚营造良好的农村政治生态环境。三是不惧贫困户的满腹狐疑。面对扶贫措施的不理解，例如住房改造中因为住房面积引发的矛盾、争贫现象的频发，以及"等靠要"思想的存在，望奎县的扶贫干部都坚持"啃硬骨头"，不断地给贫困户做工作，扭转落后思想。

（二）以打造绿色生态和村落文化为目标建设宜居乡村

"晴天一身灰，雨天一身泥"是贫困地区基础设施落后的真实写照。望奎县依托"两不愁三保障"的基本要求，在"做实"上见真功。望奎县紧紧抓住"两大平原"现代农业综合配套改革的有利契机，统筹扶贫资金，重点帮助贫困村改善通路、通水、通电等基础设施，大部分村的道路达到全部硬化，常驻户籍人口 300 人以上的自然村都通了班车。贫困村实现了安全用水。呼兰河的水利开发也挖掘出

---

① 胡卫卫、于水：《精英俘获与扶贫领域的腐败治理》，《长白学刊》2019 年第 6 期。

了旱改水的潜力。同时在争取国家扶贫政策的基础上，结合新型城镇化建设，对生态条件极差、居住环境脆弱、群众有意愿的贫困户实施易地搬迁。借助国家泥草房改造政策，加快建档立卡户泥草房改造进度，确保了贫困户住房安全。

基础设施建好后，乡村的外观更加美丽了，村民的生活更加方便了，贫困户的心态更加平稳了。望奎县并没有因此停下脚步，而是在黑土地上打造宜居乡村。望奎县加强黑土地的保护，认真实施黑土地保护和土地整治工程，大力推广绿色防控、轮作休耕等保护措施，同时疏浚河道、清理河岸垃圾，被评为全国绿化模范县、全国三北防护林体系建设先进集体。在污染防治上，对重点企业进行监察，防止企业超标排放，严格实施秸秆禁烧网格化工作体系，还重点推进了秸秆沤肥和压块站建设。此外，该县构建了上中下游一起抓、前中末端同推进的垃圾治理格局。全县还努力营造幸福养老环境，新建的老年养护院已投入使用，做到老有所养和老有所依。

望奎县不同程度地扎根于赖以生存的黑土地上，每个人都生活在相互依赖的关系中。除了基础设施外，望奎县还利用这些基础设施打造一些文化活动，例如利用村广场举办广场舞和体育比赛、利用广播喇叭进行讲学、利用养老院举办爱心活动等，鼓励邻里交往、重塑道德秩序，现在不仅各村环境美了，人心也齐了。

望奎县以扶贫基础设施建设打造外观美，通过环境整治打造自然美，同时还利用这些基础设施举办文化活动打造人心美，真正实现了扶贫资源的最大化，实现了"扶贫扶志扶智"的蓝图和宜居乡村。

（三）通过三位一体的产业格局激发贫困户的内生动力

"生产脱贫一批"是"五个一批"的首要要求，其中产业扶贫是实现贫困户脱贫，激发其内生动力，保障脱贫可持续性的重要举措。

但在具体实践中，目标靶向偏离、产业与扶贫脱节、事本主义造成产业有始无终等现象也很容易导致"年年扶贫年年贫"的不良后果①。望奎县各级部门为了能够保障产业扶贫项目的有效实施，在完善监督机制的基础上，构建"龙头企业+村级产业+庭院经济"的三位一体格局，使得县—乡镇—村级—家庭各个空间都具有发展产业的契机。

县级层面，龙头企业增强脱贫动力。望奎县委县政府高度重视农业产业扶贫工作，专门成立了主要领导为组长的工作领导小组，整合地方资源，形成具有区域特色的产业体系和支柱产业，把贫困户与现代农业有机衔接起来，确保贫困人口精准受益。望奎县坚持把脱贫攻坚与县域经济发展相结合，通过县域经济的发展辐射各乡村的发展，县各部门瞄准建设各省知名绿色食品工业大县目标，以延链补链强链为主攻重点，持续推进"六大食品企业集群"不断提档升级，利用龙头企业将贫困户纳入就业，保证贫困户稳收增收实现脱贫。

村级层面，村集体经济推动创新经验。依靠第一书记的关系网络和帮扶单位的资源，望奎县各村积极创新产业模式，吸纳产业项目，利用多种形式为农民增收。第一，鼓励贫困户发展生产。在引进项目的基础上，对贫困户进行技术培训，鼓励贫困户参与农业生产，村集体或合作社收购贫困户的产品，规避贫困户的市场风险，保障贫困户有持续收入，激发其内生动力。第二，带动贫困户就业。村集体经济的发展需要流转部分土地，通过流转贫困户的土地给贫困户一定的租金，同时让这些贫困户在产业中务工，保障其具有固定的收入。第三，入股分红。对于无劳动能力的贫困户，通过向村集体或合作社缴纳部分入股资金，每年进行利润分配，既保障了村财政的增收，也侧

① 李博、左停：《精准扶贫视角下农村产业化扶贫政策执行逻辑的探讨——以Y村大棚蔬菜产业扶贫为例》，《西南大学学报（社会科学版）》2016年第4期。

面为贫困户进行兜底。

家庭层面，庭院经济稳人心。庭院经济符合乡土规则，它包含着农民的个人行为、生产习俗和社会道德等[①]。庭院经济是农村发展生产的传统劳作空间。东北土地面积辽阔，家家户户都有面积较大的庭院，既可以在庭院中从事种植业，也可以从事养殖业。利用这一特点，各帮扶人与贫困户签订"小菜园"和"小牧园"协议，提前预付资金，然后从贫困户那里购置剩余农产品，用于帮扶人自家或亲属消费，让贫困户足不出户便可获得收入，同时也拉近了贫困户与帮扶人的亲密关系。

总体来看，三位一体的产业发展格局具有一定的稳定性，多元化的增收渠道解决了贫困户生产无销路、就业无渠道的困境，保障了贫困户志智双扶。

（四）因户制宜推动脱贫攻坚成果巩固工作

返贫是指原来已经脱贫的人口又重新陷入了贫困。导致脱贫人口返贫的因素既包括自身因素，也包括外部因素，其中恶劣的自然条件、较低的经济条件与村级医疗保障的不完善是造成贫困地区人口再度陷入贫困的主要原因。为了防止望奎县贫困户陷入"饱而复饥"和"暖而复寒"的困境，摘帽之后，望奎县牢牢把握脱贫攻坚的精准性、长期性和艰巨性，继续精准有效地抓好脱贫攻坚的后续巩固提升工作。

一是巩固思想，进一步让各级政府和扶贫干部保持思想高度的统一，将扶贫责任进一步落实，不能因实现"摘帽"而对该项工作有所懈怠；二是夯实工作基础，摘帽以来，县乡村和各部门召开多次会

---

① 李荣芳：《整合与遵从：规则生产与庭院经济日常秩序建构》，《贵州民族大学学报（哲学社会科学版）》2018 年第 4 期。

议研讨脱贫攻坚问题，重新制定出台了 18 个系列文件，其中包括《望奎县脱贫退出巩固提升工作方案》等，以持续巩固望奎县的脱贫成果；三是强化政策落实，特别是在全面做好 607 户可脱贫贫困户危房改造的基础上，对 2514 户五保户、低保户、残疾户和一般户危房进行了改造。在饮水安全上，为所有水源地安装了防护围栏，并聘用专人管护。在道路建设上，全县完成窄路面加宽 138 公里、安防工程 300 公里，改造危桥 31 个，修建硬质边沟 16 公里。在营造宜居环境方面，县政府深入开展村屯环境整治"会战"，已与浙江美欣达公司达成"城乡垃圾一体化处理项目"合作意向，目前已经完成室内厕所改造试点 900 户，新建的 24 个秸秆压块站全部竣工投入使用。

2019 年末，望奎县又研讨出因户制宜、分类推进的巩固实施方案，确保贫困人口脱贫不返贫、边缘人口不致贫，筑牢"稳脱贫、不返贫、防致贫"的多重防线。其目标是 2020 年至 2022 年，贫困户和边缘户年人均纯收入增幅水平持续稳定在 10% 左右，确保低收入群体实现规模减量，中高收入群体实现规模增量。

具体方式是推行"1+N"巩固提升模式。所谓的"1"，就是按照一家一户的个人意愿，定制一种巩固提升施策类型，作为农户持续增收的主要收入来源，具有规范性；所谓的"N"，就是结合农户不同需求和家庭条件，积极落实各项政策和措施，利用各种资源，进行综合施策，作为农户持续增收的辅助收入来源，具有灵活性。包括公益岗位开发+N 型、金融贷款扶持+N 型、政策兜底保障+N 型、转移就业拉动+N 型、产业项目带动+N 型和资产资源收益+N 型六类。建立起重点突破、多点跟进、符合实际，能够定得住、推得开、走得远的长效推进机制。

三、以望奎县为蓝本展望脱贫攻坚的未来

（一）重塑公平与正义：拓展脱贫攻坚的意义

精准扶贫体现了共同富裕的社会主义本质要求，社会主义的本质是要最终达到共同富裕，而精准扶贫的伦理内涵则充分体现了社会主义本质的内在要求之一，即实现全社会的公平正义。马克思主义唯物史观告诉我们，人民群众是历史的创造者，我们所建立的制度就是为了给人民谋幸福。共同富裕并不是指将社会财富进行绝对平均分配。我国幅员辽阔、人口众多，区域之间发展不平衡和人与人之间的贫富差距是客观存在的，我们要理性地看待并科学地解决这个问题。精准扶贫思想体现了公平正义的伦理精神，通过扶危济困，先富带后富，在奔小康的路上不落下任何一个人，体现了社会主义本质的内在要求。精准扶贫工程本身就是一项伟大的民族工程，也是中华民族精神的凝聚与升华。

精准扶贫凸显了人民当家作主的制度优势，公平正义是人类社会普遍的价值追求。孟子的"仁政"在政治上提倡"以民为本"，以民为本的伦理思想传承至今，又被赋予了公平正义的新内涵。我国是人民民主专政的社会主义国家，就是要实现大多数人的民主和公平正义。① 精准扶贫政策提出伊始，就落实了驻村干部蹲点到户，这一举措无论从形式上还是实质上都提高了贫困人民参政议政的能力，扩大了基层民主的覆盖范围，通过鼓励他们积极建言献策，从而把老百姓的心声顺畅地反映出来。

精准扶贫践行了平等的社会主义核心价值观——在社会层面倡导

---

① 王翀：《精准扶贫的伦理学意义》，《文化学刊》2019 年第 10 期。

"自由、平等、公正、法治"的价值要求。改革开放以来，我国走上社会主义市场经济道路，通过让一部分人先富起来，再带动其他人一起致富这个思路，经过40多年的改革开放，解决了人民温饱问题。但是，无论是宏观的国内生产总值还是微观的人均国内生产总值的节节攀升，都无法掩盖一个深层次的问题：我国的贫富差距正在拉大，财富分配愈发不平等。精准扶贫正是给解决这一问题提供了一条最优路径。

（二）持续保证基本生活，关注脱贫与发展的民生基础

危房改造工程和饮水工程属于民生工程，"消除贫困、改善民生、逐步实现共同富裕，是社会主义的本质要求，是我们党的重要使命。"这个论断蕴含着社会主义本质要求的三个层次：一是消除贫困，二是改善民生，三是逐步实现全国人民共同富裕。我国现在已经成为世界第二大经济体，可是我国还依然存在大量贫困人口，区域之间还有较大的贫富差距。针对这一现实，习近平总书记提出了精准扶贫思想，提出了消除贫困是社会主义的本质要求这一论断。精准扶贫使扶贫力量源源不断地深入田间地头，深入老百姓的家里，使贫困群众真正感受到党和国家的温暖，感到自己受到尊重，人民的满意感和获得感不断提升。

中国经济的快速发展，社会财富迅速增加，人人都想要占有更多的社会资源，享受国家快速发展带来的实实在在的好处。但是，由于历史和现实的原因，有一部分人先富起来，他们不仅占有大部分的社会财富，而且相对于较贫困者他们还占有较多的政治、教育、医疗、科技等资源。然而，社会伦理学告诉我们，社会中的每一个人都应该公平地享有同等的权利，人人都有证明自己价值、参与社会公共事务和社会建设的需要。生存权是人最基本、最首要的权利，没有生存权，人的其他一切权利只是一纸空谈。对那些处于

赤贫中的人们来说，长期处于极低的生活水平，甚至连最基本的生存都难以维系，更别提其他权利诉求。我国的精准扶贫长期致力于解决人民的温饱问题，在此基础之上逐步谋求其社会保障权、工作发展权、受教育权等其他基本权利。"两不愁三保障"的目的就是保障农民的基本生活需求，危房改造和饮用水工程的实施是其中的重要一环。

（三）建立"防止返贫"和"推动共同富裕"的两大机制

根据世界银行数据显示，中国对世界的减贫贡献率达到了70%，但中国的减贫依然具有一定的脆弱性：一是经营性收入持续稳定，依靠农业实现收入增长陷入瓶颈；二是工资性收入下降，靠劳动力转移实现收入增加正在发生变化；三是转移性收入增加，贫困户转向了保护性，一旦保护性政策取消，贫困户的脆弱性突显[①]。可以看出，虽然脱贫攻坚取得了较大的成效，但很多贫困人口依靠兜底支持悬浮在贫困线上，一旦提高贫困线标准或者取消保护性政策，返贫的可能性依然很大。此外，面对农产品市场风险，很多贫困户在面对市场风险冲击时，很容易重新落入贫困行列。再加上农村人口老龄化程度的加深，很多失去劳动力的老人会逐渐成为新的贫困群体。因此，建立"防止返贫"机制极为重要。一是要构建提高农民工收入增加的产生机制；二是要创新农业产业，保证农业产业的可持续性发展，通过特色产业打开市场；三是要完善公共服务，尤其是普惠型和互助性养老服务体系的健全，防止产生新的贫困人口。

党的十九届五中全会强调：我们推动经济社会发展，归根结底是

---

① 参见李小云：《减贫的成就、艰巨性、脆弱性与固果防贫的政策思考》，《清华三农论坛》，2020年1月4日，http://www.cirs.tsinghua.edu.cn/gzdt/20200105/3033.html。

要实现全体人民共同富裕。脱贫攻坚使现行标准下农村贫困人口全部脱贫，是促进全体人民共同富裕的一项重要举措。当前，我国发展不平衡不充分问题仍然突出，城乡区域发展和收入分配差距较大。随着我国全面建成小康社会，开启全面建设社会主义现代化国家新征程，必须把促进全体人民共同富裕摆在更加重要的位置，脚踏实地，久久为功，向着这个目标更加积极有为地进行努力。因此，2020 年后扎实推动共同富裕可以从如下几点入手：一是要实现城乡一体化的扶贫机制，扩宽扶贫的空间范围，把城市低收入人群也纳入到扶贫的政策体系中来；二是要努力提升贫困地区和贫困人口的内生发展能力，通过教育和医疗均等化促进贫困人口实现自我发展；三是要健全覆盖全民、统筹城乡、公平统一、可持续的多层次社会保障体系，为贫困人口的自我发展提供支持，也为丧失劳动能力的贫困人口进行兜底保障。

（四）脱贫攻坚与乡村振兴：构建美好生活的逻辑衔接

精准扶贫从致贫的因素出发，针对不同原因，采取不同的扶贫措施，帮助每一个贫困户脱贫，侧重于宏观政策的微观实施。乡村振兴战略侧重于从顶层设计角度为农村发展指明方向，是一个系统性工程，意在促进农村经济、社会、政治、文化、生态的全面发展和整体提升。因此，在实践中需要将乡村振兴顶层设计与精准扶贫微观政策有效衔接起来。精准脱贫是实施乡村振兴战略的基本前提，乡村振兴又是巩固脱贫成果、提升脱贫质量的有效手段。2018 年 1 月 2 日公布的《中共中央国务院关于实施乡村振兴战略的意见》明确提出了实施乡村振兴战略，要坚持党管农村工作，坚持农村农业优先发展，坚持农民的主体地位，坚持乡村全面振兴，坚持城乡融合发展，坚持人与自然和谐发展，坚持因地制宜、循序渐进。党的十九届五中全会和 2021 年中央一号文件都明确提出要实现巩固拓展脱贫攻坚成果同乡村振兴有效衔接。对于望奎县来说，脱贫攻坚目标任务完成，即站在了乡村振兴的起点。优化调整县域特色种养业布局，发挥好东北地区的黑土地等农业资源禀赋，做好农产品加工产业，通过本地农业产业链纵向合作提升农产品附加值，持续提高农民收入。大力开展乡村建设行动，做好农民生活和农业生产基础设施建设工作，逐步推进厕所革命与美丽村庄建设行动。进一步推进县域城乡公共资源均衡配置机制，改善乡村教育服务，深化"医共体"建设，提升农村基本公共服务水平。必须充分利用好五年过渡期内稳定的帮扶政策，逐步实现全面推进望奎县乡村振兴，满足农民对美好生活的需要。

后　记

　　脱贫攻坚是实现我们党第一个百年奋斗目标的标志性指标，是全面建成小康社会必须完成的硬任务。党的十八大以来，以习近平同志为核心的党中央把脱贫攻坚纳入"五位一体"总体布局和"四个全面"战略布局，摆到治国理政的突出位置，采取一系列具有原创性、独特性的重大举措，组织实施了人类历史上规模空前、力度最大、惠及人口最多的脱贫攻坚战。经过8年持续奋斗，现行标准下9899万农村贫困人口全部脱贫，832个贫困县全部摘帽，12.8万个贫困村全部出列，区域性整体贫困得到解决，完成了消除绝对贫困的艰巨任务，脱贫攻坚目标任务如期完成，困扰中华民族几千年的绝对贫困问题得到历史性解决，取得了令全世界刮目相看的重大胜利。

　　根据国务院扶贫办的安排，全国扶贫宣传教育中心从中西部22个省（区、市）和新疆生产建设兵团中选择河北省魏县、山西省岢岚县、内蒙古自治区科尔沁左翼后旗、吉林省镇赉县、黑龙江省望奎县、安徽省泗县、江西省石城县、河南省光山县、湖北省丹江口市、湖南省宜章县、广西壮族自治区百色市田阳区、海南省保亭县、重庆市石柱县、四川省仪陇县、四川省丹巴县、贵州省赤水市、贵州省黔西县、云南省西盟佤族自治县、云南省双江拉祜族佤族布朗族傣族自治县、西藏自治区朗县、陕西省镇安县、甘肃省成县、甘肃省平凉市崆峒区、青海省西宁市湟中区、青海省互助土族自治县、宁夏回族自治区隆德县、新疆维吾尔自治区尼勒克县、新疆维吾尔自治区泽普县、新疆生产建设兵团图木舒克市等 29 个县（市、区、旗），组织中国农业大学、华中科技大学、华中师范大学等高校开展贫困县脱贫摘帽研究，旨在深入总结习近平总书记关于扶贫工作的重要论述在贫困县的实践创新，全面评估脱贫攻坚对县域发展与县域治理产生的综合效应，为巩固拓展脱贫攻坚成果同乡村振兴有效衔接提供决策参考，具有重大的理论和实践意义。

脱贫摘帽不是终点，而是新生活、新奋斗的起点。脱贫攻坚目标任务完成后，"三农"工作重心实现向全面推进乡村振兴的历史性转移。我们要高举习近平新时代中国特色社会主义思想伟大旗帜，紧密团结在以习近平同志为核心的党中央周围，开拓创新，奋发进取，真抓实干，巩固拓展脱贫攻坚成果，全面推进乡村振兴，以优异成绩迎接党的二十大胜利召开。

由于时间仓促，加之编写水平有限，本书难免有不少疏漏之处，敬请广大读者批评指正！

本书编写组

责任编辑：李　航
封面设计：姚　菲
版式设计：王欢欢
责任校对：杜凤侠

图书在版编目（CIP）数据

望奎:黑土地基因的脱困与蜕变/全国扶贫宣传教育中心 组织编写. —北京：
人民出版社,2022.10
（新时代中国县域脱贫攻坚案例研究丛书）
ISBN 978－7－01－024259－0

Ⅰ.①望…　Ⅱ.①全…　Ⅲ.①扶贫-研究-望奎县　Ⅳ.①F127.354

中国版本图书馆 CIP 数据核字（2021）第 256823 号

望奎:黑土地基因的脱困与蜕变
WANGKUI HEITUDI JIYIN DE TUOKUN YU TUIBIAN

全国扶贫宣传教育中心　组织编写

人民出版社 出版发行
（100706　北京市东城区隆福寺街 99 号）

北京盛通印刷股份有限公司印刷　新华书店经销

2022 年 10 月第 1 版　2022 年 10 月北京第 1 次印刷
开本:787 毫米×1092 毫米 1/16　印张:13.5
字数:200 千字

ISBN 978－7－01－024259－0　定价:40.00 元

邮购地址 100706　北京市东城区隆福寺街 99 号
人民东方图书销售中心　电话（010）65250042　65289539